irakurketa **eraginkorra**
Irakurketa-jokoak **26**

Kutun kutuna

José Luis Ortiz Sáez

Bruño

Argitalpen-proiektuaren zuzendaria
Antonio Díaz

Material osagarkien argitalpen-burua
B. Bucher Kempf

Hizkuntza-koordinatzailea
Junkal Elizalde Gastearena

Diseinuaren koordinatzailea
Cristóbal Gutiérrez

Azaleko marrazkia
José Belmonte

Barruko marrazkiak
José Luis Tellería

Koaderno honetako jarduerak Pello Esnalen *Kukun Kutuna* liburuan oinarrituta daude, Bruño taldeak «Ziaboga» bilduman argitaratua. Jarduera horiek egiterakoan kontuan hartu dira **Irakurketa-jokoak - Irakurketa eraginkorra** (2005eko bertsioa) Proiektu Editorialaren irizpide psikopedagogikoak eta eskakizunak.
Bestetik, **Juegos de Lectura - Lectura eficaz (Irakurketa-jokoak - Irakurketa eraginkorra)** izena (bere grafikoarekin) Grupo Editorial Bruño, S. L.ren izenean erregistratuta dago (M1567099 markarekin).

© testuarena: José Luis Ortiz Sáez, 2013
© Grupo Editorial Bruño, S. L., 2014
   Juan Ignacio Luca de Tena, 15
   28027 Madrid

ISBN: 978-84-216-7579-3
Lege-gordailua: M-17936-2013
Printed in Spain

Esku artean dituzun orrialdeetan ezkutatuta dauden altxorrek bizitza osoan lagunduko dizute, ehunka urtetan aitona-amonengandik ilobengana pasatu baitira. Eta zuk ere, nagusitan, zeure ondorengoei pasatuko dizkiezu.

Ea antzematen diozun zein diren bi altxor horiek: bat liburua irakurritakoan, eta bestea irakurketa-jokoak egiten dituzun bitartean!

Altxor guztiak bezala, ez dira berehala zure begien aurrean agertuko; zuk zeuk argitu beharko dituzu bostehun urte baino gehiago dituzten sekretu hauek.

Ea bada, zure txanda da eta! Orain, zuk ere jakin dezakezu zein den kutunaren sekretua, eta nola menperatu irakurketaren teknika baliotsuak.

Bai zeure burua arazotan topatzen duzunean, bai irakurketarekin gozatzeko aukera duzun bakoitzean...

Gozatu ezazu irakurtzen, dastatu orrialde bakoitza, behatu irudiei lasai-lasai. Eta gogoratu: arazorik topatzen baduzu...

EUTSI ETSI GABE... ETA ONIK IRTENGO ZARA

Joko motak

 Irakurketa hobetzeko

 Arreta eta Ikusmen-trebetasuna lantzeko

 Hiztegia eta Ortografia lantzeko

 Sintaxia eta Estiloa lantzeko

 Oroimena lantzeko

 Ulermena garatzeko

 Ahozko irakurketa lantzeko

Aurkibidea

1. atala

Ulermen-proba

1. Neskaren izena...

a) Andone da.
b) Antxone da.
c) Anttoni da.

2. Nork deitu zion neskari bere ondora?

a) Aita Txemarik.
b) Osaba Juanmarik.
c) Aitona Joxemarik.

3. Zer esan zion aitonak?

a) Katearen azkenbigarren maila zela.
b) Familiako lehen neska zela.
c) Etxeko neska politena zela.

4. Nondik kendu zuen aitonak emandakoa?

a) Eskutik.
b) Lepotik.
c) Motxilatik.

5. Noiz berritu zion Anttonik, jada amona zela, historia Ainhoari?

a) Lehen Hezkuntzan zegoenean.
b) Bost urte bete zituenean.
c) Bere ahizparekin jolasten ari zela.

6. Non erabiliko zuen emandako kutuna?

a) Soinean.
b) Eskolan.
c) Oinean.

7. Kutunak lagunduko dio espiritu gaiztoak eta...

a) ekaitzak baretzen.
b) zorte txarrak uxatzen.
c) jolasak hobetzen.

8. Zer esan behar zion bere buruari, hortzak estutuz?

a) Hartu apurtu gabe.
b) Eutsi etsi gabe.
c) Begiratu gogoz.

9. Kutunaren historia...

a) amama Filiparekin amaitzen da.
b) aita Nikolasen garaikoa da.
c) aitona Joan Sebastianekin hasten da.

10. Elkano

a) Gernikan bizi izan zen.
b) Zarautzen hil zen.
c) Getarian jaio zen.

11. Elkanok aitona maitea zuen...

a) nekazari trebea zelako.
b) marinel ona zelako.
c) futbolari izugarria zelako.

12. Elkanok gure aitona aukeratu zuen...

a) munduari lehen bira emateko.
b) arraunean aritzeko.
c) zelaiak eta ardiak zaintzeko.

13. Nolako gizonak behar zituen Elkanok?

a) Ezkongabeak.
b) Indar handikoak.
c) Bihotz onekoak eta konfiantzakoak.

14. Bidaian gorriak ikusi zituzten...

a) elikagaiak amaitu zirenean.
b) Ozeano Barean eta zenbait irla galdutan.
c) elurrezko ekaitzak izaten zirenean.

15. Sanlúcar de Barramedatik...

a) berrehundik gora gizon atera ziren.
b) aitonak arrainak bidali zituen.
c) dozena eta erdi gizon atera ziren.

16. Egun gozo horietako batzuk bizi izan zituzten...

a) Andaluziako hondartzetan.
b) Kanarietako irletan.
c) Filipinetako Samar irlan.

17. Irlako aztiak aitonari deitu zion...

a) garrasika.
b) isilean.
c) lagun baten bidez.

18. Ipuineko aztiak...

a) Pililupa zuen izena.
b) Pulapula zuen izena.
c) Palapila zuen izena.

19. Zenbat pasarte egin zitzaizkion ulergaitzak?

a) Hiru.
b) Bat ere ez.
c) Zazpi.

20. Hitz horien testigu bakarra...

a) marinel bat izan zen.
b) aitonaren lagun bat izan zen.
c) ilargi zuria izan zen.

Hiztegia landu

Lotu ezazu hitz bakoitza bere esanahiarekin. ◆

kutuna	uxatu	Getaria	zorte ona izan	herrialdea
aldamenean	testigua	txantxa	aztia	ulergaitza

Kutunak egiten dituen sorgin ona _____

Olgeta, adarjotzea _____

Gertatutakoa ikusi duena _____

Zortea emango dizun objektua _____

Urrunarazi, ihes eragin _____

Joan Sebastian Elkano jaio zen Gipuzkoako herria _____

Estatua, herria _____

Aditzeko zaila _____

Pertsona edo objetu baten ondoan egotea _____

Gauzak ondo atera _____

Erne!

Idatzi, ahalik eta azkarren, bi laukietan errepikatzen diren hamar hitzak. ◆

kutuna	aztia	itsaso	samar	itzuli
bezala	azken	aitona	maila	berritu
bira	estutu	poliki	biloba	bakarrik
garaia	zahar	ezinean	maite	baietz

aitona	testigu	itzuli	kutuna	eman
itxura	bira	denbora	bakarrik	estutu
erabili	garaia	samar	nahiz	ulertu
maite	uxatu	aitona	marinel	aztia

_____ _____ _____ _____ _____

_____ _____ _____ _____ _____

Hitzak ordenatu

Jarri ordenan esaldi hauetako hitzak. Kontuan hartu lehen eta azken hitzak ondo kokatuta daudela. ◆

Egun gaurkoa da handia zuretzat.

_____

Harrituta omen gure geratu zen aitona.

_____

Torizu erabili eta kutun hau, beti soinean.

_____

Baina bihotz eta ere konfiantza batez onekoak osokoak.

_____

Denboraren dituzte ondorengoek poderioz ulertuko zure ere.

_____

Ispiluan bezala

Beheko laukietan, hitzak errepikatuta daude, baina B taldeko zutabeetan hitzak alderantziz daude idatzita. Lotu dagokion letra idatziz. ◆

A		B		
A. egunean	**L.** gaiztoak	____ nezteteb	____ kiliztniz
B. hizketan	**M.** estututa	____ okerrua	____ exalazeb
C. soinean	**N.** zintzilik	____ ikilop	____ utiripzi
D. jarraitu	**Ñ.** bertako	____ neztirreb	____ atututse
E. kutunari	**O.** halakoa	_A_ naenuge	____ leniram
F. distira	**P.** osokoak	____ utiarraj	____ aokalah
G. berritzen	**Q.** berekoak	____ aizereb	____ kaokoso
H. aurreko	**R.** bezalaxe	____ naenios	____ zoiredop
I. berezia	**S.** izpiritu	____ aritsid	____ kaokereb
J. poliki	**T.** poderioz	____ natekzih	____ kaotziag
K. betetzen	**U.** marinel	____ iranutuk	____ okatreb

Esaerak

Lotu ezkerreko esaerak beren esanahiarekin. Idatz ezazu dagokion letra. ◆

a	Gorriak ikusi.	Bikote berezia.
b	Eutsi etsi gabe.	Dena duenak beti nahi du gehiago.
c	Sardina bat jan, sardina bat lan.	Nor bere erara bizi da.
d	Eguzkia eskuan eta ilargia nahi.	Gogorra izan arren, aurrera jarraitu. Jo eta ke.
e	Herrik bere lege, etxek bere aztura.	Irakaslea falta eta haurrak pozik.
f	A zer parea, karakola eta barea!	Une txarrak pasatu. Estu eta larri ibili.
g	Katua kanpoan, arratoiak festa!	Indarra izateko, ongi elikatu beharra dago.

Zutabeak irakurriz

Irakur itzazu beheko hitzak marra urdinari begiekin jarraituz. Irakasleak esandakoan, pasa ezazu orria eta seinala itzazu irakurritakoak. ◆

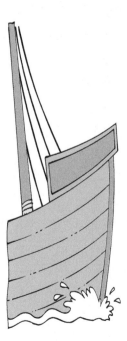
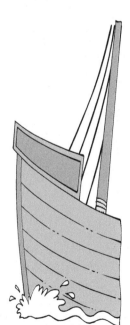

gaur
bost
deitu
hitzak
aitona
kutuna
sumatu
neurtuz
soinean
zuretzat
bakarrik
bost urte
eskuetan
oso maitea
zeure buruari
uxatuko dituzu

beti
gure
eutsi
itzuli
orain
lepotik
zintzilik
denbora
getariarra
elkarrekin
lehenengo
marinel ona
abere-larruz
horrexegatik
lurraldera iritsi
izpiritu gaiztoak

Ea gogoratzen duzun!

Azpimarratu aurreko orrian irakurri dituzun zortzi hitzak. ◆

isuri	elkarri
gure	kutuna
itzuli	sumatu
kalea	aspertu
hodei	soinean
liburu	oso maitea
trabatu	horrexegatik
neurtuz	dozena eta erdi

Irakurketa hobetzeko

Osa itzazu esaldiak, falta diren bokalak jarriz. ◆

				H__l				
			d__	k__	t__			
		n__	r__	_t__	h__r	tz__k		
	_s	t_	t__	_t__	_	s_n	z_u	
__e	b__	ru__	r__:	«_u	ts_	_ts_	g__	b__»

				__r				
			d__	__r	t__			
		b__	r_k	l__	p__	t_k		
	z__n	tz__	l_k	_	r__	b__	l__	
t__	k__	k__	t_n	ha__	_	m__n	z__	__n

Irakurketa ozena

Irakurri ondo testua. Kontuz, hitz batzuk lotuta daude. Presta ezazu ondo, eta hitzak behar bezala banatu, besteei irakurri baino lehen. ◆

Harrituta geratu omen zen gure aitona, itsasoz betetako marinel-begi urdinak zabal-zabalik, han gertatzen ari zena ulertu ezinik.

Ulergaitzak zitzaizkion hitzhaieketa ulergaitzagoak egingozitzaizkion ondorengo hirupasarte misteriotsuak. Amaierakoerregua, bai, hura ondoulertuomen zion Pulapula aztiari:

—Hitz emadazu ezdiozulainori kutunhonen berri emango, hariketa zeure lurralderairitsiarte. Denboraren poderioz ulertukodituzu, eta denborarenpoderioz ulertukodituztezure ondorengoek ere, gaurhemen zuri esanak.

Baietz erantzun omenzionaitonak. Eta elkarri bostekoaemanez amaituomenzuten hitz-aspertu luzehura, ilargi zuria testigu bakar; itxuraz behintzat.

Ulermena

Irakur itzazu, arretaz, goiko irakurgaiarekin lotutako esaldi hauek. Markatu X batez erantzun zuzenak. ◆

«Aitonak harrituta entzun zituen aztiaren hitzak»
- ☐ Testuaren laburpena da.
- ☐ Ez du zerikusirik testuarekin.
- ☐ Testuko esaldi bat da.

«Denboraren poderioz ulertuko dituzu»
- ☐ Testuaren laburpena da.
- ☐ Ez du zerikusirik testuarekin.
- ☐ Testuko esaldi bat da.

«Ainhoa, bost urte bete dituzu egun honetan»
- ☐ Ez du zerikusirik testuarekin.
- ☐ Testuaren ideia ezkutua da.
- ☐ Testuaren ikuspegi kritikoa da.

Ulermen-proba

1. Handik egun batzuetara, Pulapula...

  a) lurrera erori zen.
  b) hil egin zen.
  c) kobazuloan ezkutatu zen.

2. Zer egin behar izan zuten, irlako jauntxoak hala eskatuta?

  a) Herritarrak ezagutzera gelditu.
  b) Marinelak agurtzera gelditu.
  c) Afaltzera gelditu.

3. Aitonari atorra kentzerakoan...

  a) batek kutuna kendu zion.
  b) kutuna lepoan zuen.
  c) kutuna lurrera erori zitzaien.

4. Nolakoak ziren galderak?

  a) Gero eta lasaiagoak ziren.
  b) Gero eta luzeagoak ziren.
  c) Gero eta zakarragoak ziren.

5. Non sartu zioten burua aitonari?

  a) Poltsa batean.
  b) Aska batean.
  c) Saski batean.

6. Aitona Joan Sebastian...

  a) garrasika hasi zen.
  b) kolpeka hasi zen.
  c) isilik geratu zen.

7. Aitonak oroimenean gordeta zituen...

  a) Pulapularen hitzak.
  b) Pulapularen ezkutalekuak.
  c) borreroaren kolpeak.

8. «Eutsi etsi gabe»...

  a) esan zion aitonak bere buruari.
  b) esan zion aitonak borreroari.
  c) eskatu zion aitonak jauntxoari.

9. Pentsatzeko astia izan zuen...

  a) munduari azken agurra eman aurretik.
  b) ura aldatzen zuten bitartean.
  c) borreroak kutuna kendu baino lehen.

10. Eta bururatu zitzaion bera ere laster egongo zela...

  a) itsasontzi barruan.
  b) Elkanorekin batera.
  c) Pulapularen ondoan.

Aitona Joan Sebastianen abentura

Atala ondo ulertu baduzu, hurrengo baieztapenak egia edo gezurra diren jakingo duzu. ◆

	E	G
Egun gutxi barru, aitona aztiaren hitzak ulertzen hasi zen.		
Aitona marinel guztiekin joan zen Pulapularen hiletara.		
Pulapula lurperatu ondoren afaltzera joan ziren.		
Samarko jauntxoak Pulapularen altxorrari buruz galdetu zion.		
Jauntxoak borrero nagusiari lanean hasteko agindu zion.		
Aitonak altxorra non zegoen kontatu zion jauntxoari.		
Askako urak garbi zeuden.		
«Noizbait ezinean bazaude, heldu estu-estu kutunari».		
Aitonak «Nireak egin dik» pentsatu zuen.		
Jauntxoak lau aldiz galdetu zion aitonari ea non zegoen altxorra.		

Hiztegia

Pentsatu zein den hitz bakoitzaren esanahi zuzena, eta markatu X batez. ◆

Astia	Zerbaitetarako ematen edo hartzen den denbora librea.	Zerbaitetarako gutxienekoa bederen betetzen dela.
Ahula	Zerbaitetik bereiz daitekeen zatia edo puska.	Indarrik gabea.
Gerria	Ezinegona, urduritasuna.	Gorputzeko partea.
Uhaska	Animaliek edateko aska.	Zerbaiten lehen zatia egin.
Oroimena	Gogoratzeko ahalmena.	Nafarroako mendi ospetsua.
Altxorra	Errazago bihurtu, eragozpena gutxitu.	Balio handiko ondasuna.
Larrialdia	Estutasunezko egoera.	Soro ondoan dauden animaliak.
Aztia	Gaztaroan dagoena; adin gutxikoa.	Etorkizuna asmatzen duena.
Atorra	Gerritik gorako jantzia.	Gramineoen familiako landarea.
Hileta	Hil guztietan, hilabete oroz.	Hildakoaren aldeko elizkizuna.
Egokitu	Helburu edo erabilera baterako egoki bihurtu edo moldatu.	Gaixorik egon.
Murgildu	Asko ematen duenaz esaten da.	Uretan buruz sartu.

Hitz arrotzak

Beheko irakurgaian, atal honetan ez dauden hitz batzuk sartu ditugu. Azpimarratu hitz arrotzak, eta horiek lotzean, beheko galderaren erantzuna aurkituko duzu. ◆

Eta lanean hasteko agindua marinel eman zion jauntxoak borrero nagusiari. Lepotik batzuk heldu eta aska batean sartu zion aitonari burua. Eta saka eta saka, eta ez ziola pozoindu ateratzen utziko. Noizbait atera omen zion, bai. Eta aitona eta bere onera etorri zenean, berriro ere lehengo hil galdera jauntxoak, berriro ere zakar-zakar:

—Non da Pulapularen eta altxorra?

Ordurako beste konturatua zen aitona: «Hauek ez zekitek kutunaren berri zipitzik ere. Agiri askoan zeukatek, ba, Pulapularen batzuk altxorra, ikusi nahi izanez gero!», esan preso omen zion bere buruari. «Eta dirudienez, jarraitu zuen berekiko, kutun hau ez duk harrapatu nolanahiko altxorra».

Zer gertatu zitzaien marinelei afalondoan?

Erne!

Erantzun galderei. Erantzunak bilatzeko, ordea, begiak baino ezin izango dituzu erabili. Zein daude errepikatuta? ◆

OM	LH	
TB	MR	ST
HO	TS	BT
LH	MO	

LETRA BIKOTEAK

_____

ha	es	
it	on	tu
mo	se	it
os	ti	

LETRA BIKOTEAK

_____

23	25	
94	42	48
84	41	17
48	32	

ZENBAKIAK

_____

1H	3R	
7L	1B	3T
1P	7H	1P
7B	7K	1R
7S	1S	

LETRAK ETA ZENBAKIAK

_____

aM	oR	
zP	iH	hL
nM	uK	zP
iB	nK	sP
lH	mK	

LETRA BIKOTEAK

_____

○ ♠ ♣
♥ € ❗ ☆
✥ ✦ ↻ ✳
❖ ☙ ⏩ €
☀ ☎ ✌

IKURRAK

_____

Testuak osatu

Osa itzazu testuak eskuinean dauden aditzak erabilita. Kontuan izan aditz-forma zuzena erabili behar duzula kasu bakoitzean. ◆

Isilik _____ zen aitona. Lanean segitzeko _____ zion jauntxoak borreroari. Aurrekoan baino denbora gehiago _____ omen zuen aitonaren burua askako ur zikinetan sartuta.	eduki geratu agindu

Lepotik heldu eta aska batean _____ zion aitonari burua. Eta saka eta saka, eta ez ziola _____ utziko. Noizbait atera omen zion, bai. Eta aitona bere onera _____ zen.	sartu atera etorri

Marinel batzuk pozoindu eta hil, eta beste batzuk preso _____; tartean, gure aitona. Soinean _____ atorra kendu eta larru gorri _____ zuten gerritik gora.	eraman utzi harrapatu

Errepikatutako hitzak

Zutabe hauetan, hitz batzuk errepikatuta daude. Idatzi zein diren eta zenbat aldiz errepikatzen diren. ◆

baita	omen	marinel
ordea	samar	arrain
baita	omen	baina
gutxi	laino	nagusi
ordea	heldu	marinel
azken	oker	berriro
baita	omen	mando
astun	heldu	arraun
gutxi	lagun	nagusi
baita	samar	berriro
aste	heldu	kirten
ordea	omen	marinel
baita	lasai	berriro
gutxi	heldu	mahai
piper	omen	berriro
baina	leiho	mende
gutxi	samar	marinel
baina	heldu	haize
adio	samar	bizitza
baita	heldu	nagusi

Hitza	Kopurua
_____	___
_____	___
_____	___

Hitza	Kopurua
_____	___
_____	___
_____	___

Hitza	Kopurua
_____	___
_____	___
_____	___

Ireki begiak!

Hemen bederatzi marrazki dituzu. Minutu erdia duzu irudiei adi-adi begiratzeko eta zein diren gogoan hartzeko. ◆

Ea gogoratzen duzun!

Hemen dituzu, idatzita, aurreko orrialdean ikusitako marrazki batzuk. Azpimarratu. ◆

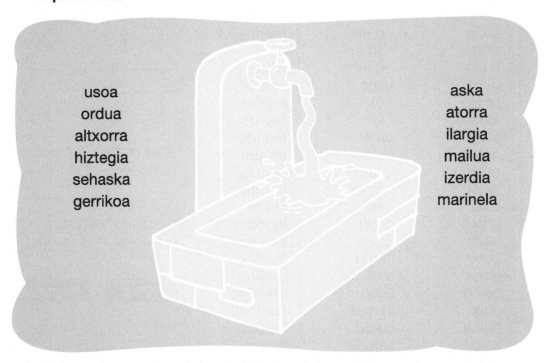

usoa
ordua
altxorra
hiztegia
sehaska
gerrikoa

aska
atorra
ilargia
mailua
izerdia
marinela

Hitzak eta siluetak

Lotu ezazu hitz bakoitza bere siluetarekin. ◆

1. jauntxoa
2. larrialdi
3. gonbidatu
4. ordurako
5. noizbait
6. freskatu
7. harrapatu
8. ulertzen
9. irabazi
10. gordeta

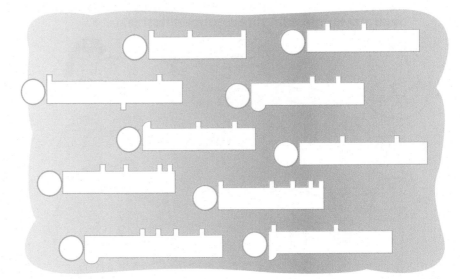

Ikusmen-trebetasuna

Lauki bakoitzean bi hitz multzo berdin daude, baina alderantzizko ordenan jarrita. Inguratu horiei dagozkien zenbakiak. ◆

1. aitona, aginte, itsasontzi, aita, uhaska
2. uhaska, itsasontzi, aginte, aita, aitona
3. uhaska, aita, itsasontzi, aginte, aitona
4. uhaska, aitona, itsasontzi, aginte, aita

1. gertatu, geratu, hartu, harrapatu, sartu
2. geratu, harrapatu, gertatu, sartu, hartu
3. gertatu, hartu, harrapatu, sartu, geratu
4. geratu, sartu, harrapatu, hartu, gertatu

1. jauntxo, altxor, oroimen, nagusi, marinel
2. marinel, jauntxo, nagusi, altxor, oroimen
3. oroimen, nagusi, altxor, jauntxo, marinel
4. oroimen, altxor, nagusi, jauntxo, marinel

Hitzak aurkitu

Aurki itzazu lau zutabeetan zatituta dauden hitzak eta osatu azken zutabean. ◆

GO	AL	DU	IT	
AF	IZ	BA	ATU	
NO	NB	ID	TA	

GI	NT	MEN	XOA	
OR	ZA	UR	EAN	
KO	OI	GAI	ATU	

IZA	AE	ZPA	TIK	
ZA	TE	RA	DA	
BAD	KAR	AGA	GO	

Hitzak asmatu

Asmatu hitz berriak azpiko hitzen hizkiak erabiliz. Nahi baduzu, hizkiak kendu edo ordena aldatu dezakezu, baina hizki berririk erabili gabe. Hitz berriek lau hizki izan behar dituzte gutxienez. Hiztegia ere erabili dezakezu. ◆

♣ ARGITAN: _____

_____

♣ DENBORA: _____

_____

♣ AFALDUTA: _____

_____

♣ NAGUSIARI: _____

_____

♣ ZAKARRAGO: _____

_____

Hitz bakoitza bere lekuan

Bete esaldi hauetan dauden hutsuneak, azpiko hitz hauek erabiliz. ◆

> **Pulapularen, astia, bazaude, zakar, freskatu, askako, altxor, marka, aitonak, borrero.**

1. Samarko jauntxoa _____ samar hasi zen galdezka.
2. Baina zer _____? –erantzun zion aitonak.
3. Oroimena _____ beharko dizugu –esan zion jauntxoak.
4. Lanean hasteko agindua eman zion _____ nagusiari.
5. Non da _____ altxorra? –galdetu zion.
6. Aurrekoan baino denbora gehiago eduki zuten aitonaren burua _____ ur zikinetan.
7. Noizbait ezinean _____, heldu estu-estu kutunari.
8. Pulapularen _____ guztiak onduko dizkik honek gero!
9. «Nireak egin dik» –pentsatu omen zuen _____.
10. Gauza gehiagotan ere pentsatzeko _____ izan zuen.

Irakurketa ozena

Presta ezazu irakurgaia, gero ikaskideei irakurtzeko. Horretarako, begiak baino ez dituzu mugitu behar, burua ez. ◆

Joan Sebastian Elkano Getarian jaio zen 1476an eta itsasontzi batean hil zen, 1526an. *«Primus circumdedisti me»* ****** ageri da bere armarrian, munduari bira osoa eman zion lehen kapitaina izan zen seinale.

******, mundua biribila zela frogatu zuen Magallanesek hasitako espedizioak.

Gaztetan ****** izan zen eta kontrabando merkataritzako ****** ere egin zituen.

Hogeita hiru urterekin, Magallanesek Moluka uharteetara prestatutako espedizioan parte ****** zuen.

Bost ontziko espedizioa ****** zen Cadizetik, Elkano «Concepción» ****** buru zela.

Ozeano Atlantikotik Ozeano Barera heldu ziren, ****** Magallanes itsasartea deritzoguna zeharkatuz.

Filipinetara bi ontzi ****** ez ziren iritsi eta eskifaiako asko ****** eta hil egin ziren. Macta uharteko erasoan, Magallanes hil zuten eta Elkanok «Victoria» ontziko eta espedizio osoko ****** hartu zuen.

Moluka ****** iritsi eta ontzi bat bertan desegin zen. Hala ere, geratzen zen ontzi ****** itzulera antolatu zuten.

Sanlúcar de Barramedara itzuli zen (Cadiz). Bueltan, 265 marineletik 18 ****** ez ziren geratzen.

Handik hiru urtera, beste bidaia bati ****** eta itsasoan hil zen, eskorbutoak jota. Gorpua kareletik behera bota omen zuten.

esaldia
Horrekin
arrantzale bidaiak
hartu
atera ontziko
gaur egun
besterik gaixotu
agintea uharteetara
bakarrarekin
baino
ekin

3. atala

Ulermen-proba

1. Aitonak ez zuen ezer ikusten...

  a) begi bat kendu ziotenean.
  b) burua askatik atera ziotenean.
  c) gauean mendira eraman zutenean.

2. Argi zuen burua eta...

  a) dena kontatuko zien.
  b) gauza politak kontatzen hasi zen.
  c) ez zioten hitzik aterako.

3. Begien bistan zeukaten altxorra...

  a) baina ez zuten ikusten.
  b) baina hautsita zegoen.
  c) baina ez zuen balio handirik.

4. Samar irlako jauntxoak, aitona...

  a) askatzeko agindua eman zuen.
  b) itotzeko agindua eman zuen.
  c) itsasora eramateko agindua eman zuen.

5. Orduan burura etorri zitzaion...

  a) Pulapularen lehen pasarte misteriotsua.
  b) Pulapularen seigarren pasartea.
  c) Elkanok esandako hitzak.

6. Pasarte horrek zioenez, «Kutun hau eramanez gero...

  a) arrisku handia izango duzu».
  b) beti etxetik kanpo biziko zara».
  c) luzaro biziko zara».

7. Nori eman behar zaio kutuna?

  a) Marinel gazteenari.
  b) Biloba zaharrenari.
  c) Biloba guztiei.

8. Eta horien artean...

  a) bakarrik mutilei.
  b) bakarrik neskei.
  c) mutil zein neskei.

9. Burua berriz uretan sartzerakoan...

  a) bere burua itotzen ikusi zuen.
  b) ezin izan zuen jasan.
  c) ura lehen baino zikinagoa zegoen.

10. Non zeukan kutuna aitona Joxemarik?

  a) Gerritik zintzilik.
  b) Eskuan.
  c) Lepotik zintzilik.

11. Nor joan ziren aitonaren bila?

  a) Elkano eta jauntxoa.
  b) Elkano eta bi marinel.
  c) Marinel batzuk.

12. Aitonarengana hurbildu zirenean...

  a) hilik zegoen.
  b) hizketan hasi zen.
  c) ez zen mugitzen.

13. Non eraman zuten aitona?

  a) Bizkarrean hartuta.
  b) Gurdi batean.
  c) Zaku batean gordeta.

14. Aitona zaintzen...

  a) bi marinelak geratu ziren.
  b) borrero bat egon zen.
  c) Elkano bera geratu zen.

15. Mugitzen hasi zenean...

  a) zerbait jan nahi zuen.
  b) zerbait esan nahi zion Elkanori.
  c) garrasika hasi zen.

16. Zer etorri zitzaion orduan gogora?

  a) 2. pasarte misteriotsuko hitzak.
  b) Jauntxo nagusiaren galderak.
  c) Borreroaren aurpegi gaiztoa.

17. «Askotan galdetuko diozu zeure buruari...

  a) nori eman behar diot kutuna?».
  b) nork eman dit kutuna?».
  c) zer eduki dezake kutunak barruan?».

18. Zer aukera zituen aitona Joan Sebastianek?

  a) Kutuna askatu edo ez askatu.
  b) Kutuna hartu edo irlan utzi.
  c) Kutuna askatu edo Elkanori eman.

19. Kutuna askatuz gero, zer gertatuko zitzaion?

  a) Ezer ez.
  b) Indarra galduko zuen.
  c) Indarra hartuko zuen.

20. Aitonak hitz haiek berritu zizkidanean...

  a) ez nion kasurik egin.
  b) kutuna puskatu zitzaidan.
  c) musu bat eman zidan.

Hiztegia

Koka ezazu kontrako esanahia duen hitza dagokion tokian. ◆

> lehen – barrutik – ulergarri – motzak – onena
> sartu – gazteenari – aurretik – labur – irabaziko

1. Burua askatik (atera) _____ ziotenean.
2. Urrezko altxorraren (atzetik) _____ zebiltzan.
3. Jauntxoaren (azken) _____ hitzak.
4. Hain (ulergaitz) _____ ziren hitz haiek.
5. Zure lehen biloba (zaharrenari) _____.
6. (Kanpotik) _____ ikusi omen zuen bere burua.
7. (Luzaro) _____ biziko zara.
8. (Okerrena) _____ pentsatuta hurbildu ziren.
9. Ordu (luzeak) _____ pasa eta gero.
10. Kutunak bere indarra (galduko) _____ du.

Letra-zopa

Eskuinean dituzun hitzak letra-zopa honetan aurkitu behar dituzu. ◆

Z	B	O	R	R	E	R	O	A	R	E	N
A	E	U	N	A	G	U	S	I	L	Z	E
H	T	A	P	A	S	A	R	T	E	P	K
A	E	H	T	R	U	A	B	O	G	A	E
R	M	A	P	A	K	D	F	N	Z	I	A
R	Q	Z	I	Z	A	H	L	A	U	N	R
A	L	T	X	O	R	R	A	K	R	A	E
U	E	I	K	E	R	H	U	S	B	K	N
K	H	A	A	H	A	T	U	H	I	T	Z
E	E	P	N	I	U	N	O	R	L	K	I
R	N	L	A	N	G	A	L	D	U	K	O
A	T	M	A	R	I	N	E	L	M	H	N

- ♥ borreroaren
- ♥ aitona
- ♥ altxorrak
- ♥ nagusi
- ♥ lehen
- ♥ hasiko
- ♥ bete
- ♥ zaharra
- ♥ kutuna
- ♥ pasarte
- ♥ marinel
- ♥ zurbil
- ♥ ezpainak
- ♥ aztia
- ♥ hitz
- ♥ pixkana
- ♥ sukarra
- ♥ zion
- ♥ nekearen
- ♥ arazo
- ♥ aukera
- ♥ galduko

Ireki begiak!

Erantzun, ahalik eta azkarren, lauki bakoitzean dagoen galderari. Erantzuna aurkitzeko, begiak baino ez dituzu erabili behar. ◆

E	W	P	T	F
V	K	T	F	E
F	I	Z	L	Z
L	E	K	I	I
W	T	V	Z	E

Zein da lau aldiz errepikatzen den hizkia? ____

27	26	98	46	70
10	68	40	16	38
58	50	78	20	18
30	88	60	48	80
90	56	27	36	66

Zein da bi aldiz errepikatzen den zenbakia? ____

qp	oo	dp	qh	xp
dq	hq	tp	dh	qq
ho	pq	do	qd	dd
ph	oq	pq	op	po
qu	hd	oo	oh	qo

Zein da errepikaturik dagoen hizki-bikotea? ____

7h5	9z5	7o5	8l6	6j6
6j6	5d5	6o6	6i6	5m5
5s5	5u5	6j6	5h5	5d5
5r5	9i6	5o5	9t6	7s5
5u5	6o6	5z5	5m5	6l6

Zein da hiru aldiz errepikatzen den taldea? ____

Testua ordenatu

Jarri esaldiak ordena egokian, testua ondo ulertzeko. ◆

1	Bizkarrean hartuta eraman zuten bi marinelek,
	zapi bat jarri kopetan eta
	Aurpegia garbitu, ozpinetan bustitako
	kontu handiz eta poliki-poliki,
	Itxaron beharra zegoen,
	portu aldera, gainerako marinelak zeuden tokira.
	leku babesean utzi zuten.
	Elkano bera geratu zen aitona zaintzen.
9	itxaropena galdu gabe.

Hitz arrotzak

**Talde bakoitzean besteekin loturarik ez duen hitz bat dago.
Azpimarra ezazu.** ◆

aitona	lepoa	galdetu	ahul
amona	zapata	hartu	indartsu
laguna	gerria	afaldu	sendo
osaba	ipurdia	leku	mardul
izeba	besoa	konturatu	erkin
aita	begia	agindu	polit

aska	marinel	anana	atzean
edalontzi	zuhaitz	laranja	ondoan
lorontzi	itsasontzi	platano	etxera
uhaska	aingura	koko	azpian
lore	arrain	pinudi	kanpoan
txarro	itsaso	gaztain	aurrean

Irakurketa hobetzeko

**Irakur itzazu hitz hauek, begiak zutabe bakoitzean dagoen lerroan jarrita.
Irakurritako hitzak gogoratzen saiatu behar duzu.** ◆

hire	nik	bait
jarri	aski	hura
itzuli	joan	jarrai
barru	balio	begia
susmo	samar	ipotxa
belarria	gizakia	seinale
bizitzara	azkenik	okerrago
errazago	harkaitz	ezaguna
mutikoak	mugitzen	ustekabe
kulunkari	belardikoa	beheraka
ezertarako	galdetzeko	jabetzeak
kobazuloa	irtenbiderik	erantzuna
paperezkoa	hegazkinari	erremediorik

Ea gogoratzen duzun!

Markatu gurutze baten bidez (X) beste orrialdean irakurri dituzun hitzak. ◆

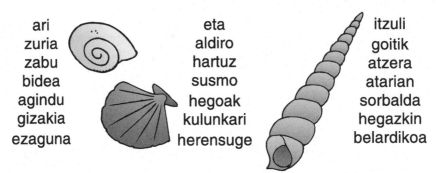

ari	eta	itzuli
zuria	aldiro	goitik
zabu	hartuz	atzera
bidea	susmo	atarian
agindu	hegoak	sorbalda
gizakia	kulunkari	hegazkin
ezaguna	herensuge	belardikoa

Irakurketa hobetzeko

Ahalik eta azkarren, bila ezazu zenbat aldiz errepikatzen den maiuskulaz dagoen hitza. Begiak bakarrik erabili. ◆

ASKATIK
eskutik, askatik, eskaini, ezkututik, askatik, askatik, ezkerretik, askatik, estuturik, aski, askatik, eskerrik, askatik, askotan, azpitik, estu, asko, eskutik, aski.

SARTU
sartu, sormen, sargori, sartan, sartu, sartu, sarkin, sartu, sarkor, sartu, sargune, sarrera, sarri, sartu, sastar, sarleku, sartu, saski, sargori, sartan, sarri.

MUTILA
makila, makala, mutila, mutila, musika, mugitu, mengela, mutila, makala, mukizapia, musu, muin, mesedez, mutila, mundua, mutila, modura, mutila.

NAHASTU
nahasi, nahastu, nahasmen, nahasketa, nahastu, nahastu, nahiko, nahastu, nahaspila, nahaste, nahiko, nahastu, nardatu, nahastu, nahastu, nagusi, nahastu.

ZAKUR
zabor, zekiten, zabalik, zakuka, zakur, zakilote, zaharo, zailtasun, zakur, zakarkeria, zabuka, zain, zakur, zaintza, zakur, zakarda, zakur, zabiltza.

KANPOAN
kanpoan, kanpaleku, kantaldi, kanpoko, kanoi, kanpo, kanpoan, karabela, kantoi, kanpoan, kapera, kanpoan, kanpaina, kanpoan, kanpoan, kantal, kantulari.

Irakurketa ozena

Prestatu ondo irakurgaia bestei irakurri aurretik. ◆

Ordu luzeak pasa eta gero hasi zen noizbait gure aitona mugitzen. Zerbait esan nahi zion Elkanori, baina huts egiten zioten indarrek. Sukarrak hartuta zegoen.

—Lasai, motel, lasai. Gero ere esango didak esan beharrekoa eta –adierazi zion getariarrak.

Aitona ez zegoen, ordea, lasaitzeko.

—Eutsi etsi gabe –ahoskatu zuten, nekearen nekez, haren ezpain ubelduek.

Eta bere onera etorri omen zen pixkana-pixkana. Eta muin eman omen zion kutunari. Eta orduan tupustean eta trunbilka etorri omen zitzaizkion gogora Pulapula aztiaren bigarren pasarte misteriotsuko hitzak:

«Behin baino gehiagotan galdetuko diozu zeure buruari zer izan ote dezakeen kutunak barruan. Eta berdin gertatuko zaie zure ondorengoei ere».

Egia ala gezurra

Testua ondo ulertu baduzu, hurrengo esaldiek egia ala gezurra dioten jakingo duzu. ◆

	E	G
Aitonak osasun ona zeukan.		
Aitonak zerbait esan nahi zion Elkanori.		
Elkanok aitonari lasai egoteko esan zion.		
Aitona urduri zegoen.		
«Zutik ipintzeko» ahoskatu zion aitonari.		
Aitonak apurtu egin zuen kutuna.		
Trunbilka etorri zitzaion jauntxoaren bigarren pasartea.		
Askotan galdetuko diozu zeure buruari zer egin kutunarekin.		

Ulermen-proba

Irakurritako kapituluaren laburpena osatu hurrengo hitzak erabiliz. ◆

otsoek   odoletan   artzain   sarobe
baserri   negar eta negar   artzain-zakurra

saskian   astoarena   hiltzen   bost urte
herrira   baztangak   astoarena   Gaxparrek

AITONA

Joxemari

_____

ibili zen

_____

ondoko

_____

batean.

_____

ardi pila bat hil ondoren,

_____

akabatu zuen.

_____

ikustean, Joxemarik

_____

egin zuen.

Behin,

bidali zuten.

_____

astoaren

_____

zuen, eta botiken bila

_____

jende asko

_____

Garai hartan

_____.

kontatu zion

_____

betetzean, aitona

_____

Hiztegia lantzen

Koka itzazu laukian dauden hitzak bakoitzari dagokion esanahiaren ondoan. ◆

> amorrua – sarobea – baztanga – atzaparra – ikara
> sukarra – morroia – baretu – akabatu – sakabanatu

_____ : gorputzaren tenperatura altua.

_____ : lasaitu.

_____ : gaixotasun kutsakorra.

_____ : multzoa desegin.

_____ : langilea, zerbitzaria.

_____ : haserre bizia.

_____ : animalia batzuek duten erpea.

_____ : beldurra.

_____ : abereak gauez biltzeko tokia.

_____ : bizia kendu.

Ikusmen-trebetasuna

Bilatu zenbat aldiz errepikatzen diren beheko hitzak bi saskietan. ◆

AUZOA: ____   BOTIKA: ___   BAZTANGA: ___   SASKIA: ___

Irakurketa hobetzeko

Irakur ezazu testua bi aldiz. Marrak esango dizu non jarri behar dituzun begiak. Idatzi zenbat denbora iraun duen irakurketa bakoitzak. ◆

Gaxpar txikiaren
zitzaion. Etxeko
auzoko jende
ume zaharrena
Eta etxeko umerik
sei urte bete
bost urteko umea
bezala: astoaren
Gaxpar eta beste
Eta astoak eramaten
eta herrian bertako
Gaxpar saskitik,

aitona Agustini
ia denak gaixo
asko ere bai.
bidaltzea izango
zaharrena Gaxpar
gabea izan. Baina
bakarrik? Aitona
alde bateko
aldeko saskia
zuen Gaxpar
botikara. Botikariak
mutikoak papera

bururatu omen
zeuden eta
Beraz, herrira
zela egokiena.
zen, nahiz eta
nola bidali herrira
Agustini bururatu
saskian sartuta
harriz beteta.
zuzen-zuzen herrira
ateratzen zuen
ematen zion, hark

irakurtzen zuen, eta medikuak eskatutakoa mutikoarekin batera
saskian sartu eta, arre!, etxera zuzen-zuzen, astoaren gainean.

(Lehen denbora: _____)   (Bigarren denbora: _____)

1. Zer gertatzen zitzaion auzoko jendeari? _____

2. Nor zen etxeko umerik zaharrena? _____

3. Nondik ekartzen zituen botikak umeak? _____

4. Nork ateratzen zuen saskitik? _____

5. Nola itzultzen zen etxera? _____

Hitz arrotzak

Talde bakoitzean, besteekin loturarik ez duen hitz bat dago. Seinala ezazu. ◆

lakua	medikua	esnea	ardiak	herria
ibaia	arotza	haragia	zakurrak	baserria
mendia	artzaina	zukua	otsoak	hiria
itsasoa	igeltseroa	ura	euliak	herrixka
urtegia	gaixoa	ardoa	ahuntzak	auzoa
erreka	beiragilea	sagardoa	arkumeak	eskualdea

Hitzak tartean

Testu honetan, irakurgaian ez dauden hitz batzuk sartu ditugu. Azpimarratu, eta hitzak lotuz, beheko galderaren erantzuna aurkituko duzu. ◆

Baserri inguruko sarobe batera ekartzen omen zuen artaldea Aralartik, neguko aitona hotzak hurbiltzen zirenean. Baserritik ordu erdiko bidean omen zegoen sarobea Joxemarik eta itxitura bat omen zuen inguruan. Gaua oso hotza bost ez zenean, kanpoan gelditzen omen ziren ardi asko. Oso artzain-zakur ona zuen aitona Joxemarik, urte artaldea ondo baino hobeto zaintzen ziona. Eta bere bete bizia adina maite zuen aitonak zakurra.

Hala, gau batean, ardiak zaintzen geratu omen zen zituenean zakurra, sarobetik kanpora, itxitura barruan. Eta baserrira jaitsi zen aitona.

Noiz kontatu zuen aitona Gaxparrek sarobean gertatukoa?

Antzeko hitzak

Zutabe hauetako hitzak bikoteka daude. Markatu gurutze baten bidez ezberdinak diren bikoteak. ◆

ere	ere	omen	omen
asko	asko	sartua	sortua
jaitsi	jaiki	astoa	astea
odola	odola	umea	emea
ardia	ardoa	baretu	berotu
nuen	nuen	bezala	bezala
alegia	alegia	urteko	arteko
biziak	biziak	kutuna	kutuna
ardiak	erdiak	azkena	azkena
garbitu	gatibu	kontatu	kantatu
artzain	ertzain	akabatu	akabatu
zaindu	zaindu	zakurrak	zakurrak
sendatu	sendatu	borrokan	gorrotoan
gainean	goizean	bitartean	bitartean
eskatuta	askatuta	bigarrena	bigarrena
eskerrak	azkarrak	nahigabea	nahigabea

Mezu ezkutua

Koadroan dauden hizki eta letren arteko erlazioa kontuan hartuz, aitona Gaxpar nola sentitu zen jakingo duzu. Kontuan izan honako hau: G = goian, B = behean. ◆

G	Z	N	I	L	E	G	R	X	K
	1	2	3	4	5	6	7	8	9
B	O	U	A	M	S	P	D	T	H

| 2G | 5G | 6G | 3B | 7G |

| 5G | 6G | 3G | 8B | 5G | 2G |

| 1B | 4B | 5G | 2G |

| 1G | 2B | 5G | 2G |

| 3B | 3G | 8B | 1B | 2G | 3B |

| 6G | 3B | 8G | 6B | 3B | 7G | 7G | 5G | 9G |

| 9B | 2B | 7G | 3B |

| 1G | 5G | 2G |

| 9G | 1B | 2G | 8B | 3B | 8B | 1G | 5G | 3B | 2G |

| 9B | 3B | 4G | 3B | 9G | 1B | 3B |

| 1B | 4B | 5G | 2G |

| 1G | 5G | 2G |

| 9B | 3B | 7G | 5G | 2G |

| 5B | 5G | 2G | 8B | 3G | 4B | 5G | 2G | 7B | 2B | 3B |

| 5G | 8B | 3B |

| 9G | 2B | 8B | 2B | 2G | 3B | 7G | 5G | 9G | 3G | 9G | 1B |

| 5G | 5B | 9G | 5G | 7G |

| 1B | 2G | 3B |

Hitzak aurkitu

Osatu hitz bana multzoetako hizkiak lotuz. Norabide guztiak erabil ditzakezu. ◆

AR	EA
LD	TA

LD	GA
EZ	KA

AT	NT
KO	UA

AN	ZT
GA	BA

_____

EN	IM
SE	
DU	NT

TI	AK
KA	
BO	RI

IO	TS
ER	UA
ST	MI

AT	PA
AN	ZA
ET	RR

_____

Irakurketa ozena

Presta ezazu ondo irakurgaia eta irakurri zure ikaskideei. Tanta bakoitzean hizki bat falta da. ◆

Artean sei u◆te ere ez omen zit◆en izango Gaxpar mu◆iko biziak. Eta beharko b◆zia izan, garai haiet◆n bizirik iraut◆ko! Izan ere, baztanga ◆zeneko gaitz kutsakorra za◆aldu omen zen auz◆an.

Pikor gorri ba◆◆uk azaltzen ziren gorpu◆◆ean, eta pikor haiek leh◆rtzean zarakar ◆◆ikiak sortzen. Asko hil omen ziren or◆◆an bazt◆◆gaz. Eta ia-ia ez om◆n zen inor ere e◆◆etik irteten, ba◆◆uk gai◆◆a zabal◆◆eko beldurrez eta bes◆◆ak hura etxeratzeko ikaraz. Hain omen zen z◆◆la onik irteten, behin gai◆◆aren atzaparretan eroriz ◆◆ro!

Eske◆◆ak he◆◆itik med◆◆ua etor◆◆en zen, et◆ hark agin◆◆tako b◆tikak su◆◆rra ar◆ntzen z◆en eta ba◆◆uetan gaitza s◆◆datu er◆.

Mediku hura zuten gaixoek esperantza bakarra, eta hark arintzen zuen apur bat etxean itxita bizi zirenen larria.

Ulermena

Irakurri arretaz goiko irakurgaiarekin zerikusia duten beheko esaldi hauek, eta markatu gurutze batez (X) erantzun zuzenak. ◆

«Asko hil omen ziren orduan baztangaz»

☐ Testuaren laburpena da.

☐ Ez du zerikusirik testuarekin.

☐ Testuaren esaldi bat da.

«Auzoan baztanga gogor zabaldu zen»

☐ Testuaren laburpena da.

☐ Ez du zerikusirik testuarekin.

☐ Testuko esaldi bat da.

Ulermen-proba

1. Noren istorioa kontatu zuen aitonak?

- a) Agustinena.
- b) Gaxparrena.
- c) Nikolasena.

2. Istorio haiek gero eta...

- a) aspergarriagoak ziren.
- b) luzeagoak ziren.
- c) politagoak ziren.

3. Agustin gaztea morroi eraman zuten...

- a) herriko tabernara.
- b) auzoko baserri batera.
- c) mendiko borda batera.

4. Zein izan zen morroi bidaltzeko arrazoia?

- a) Aho gehiegi zeudela etxe hartan.
- b) Oso gaizki portatzen zela.
- c) Adina zuela lanera joateko.

5. Hortik aurrera bere jostailuak...

- a) anaia txikiarentzat izango ziren.
- b) ez zituen inork erabiliko.
- c) lan-tresnak izango zituen.

6. Auzoko baserrira joaterakoan...

- a) bere arropa guztia eraman zuen.
- b) aitonak lagundu zion.
- c) bidean galdu ziren.

7. Gainean zuten berriro...

- a) negua.
- b) uda.
- c) udaberria.

8. Adio, Agustin –esan zion aitonak– eta...

- a) negarrez bueltatu zen etxera
- b) farola itzali zuen.
- c) keinu egin zion begiz.

9. Agustinek ulertu zuen aitona...

- a) kutunari buruz ari zela.
- b) lan gogorraz gogoratu zela.
- c) ez zuela gehiago ikusiko.

10. Gaua luzea izan zen...

- a) eta loaldia ere bai.
- b) baina loa etortzen ez.
- c) eta lanean pasatu zuten.

11. Kutunari esker...

- a) dena amets bat izan zen.
- b) ez zegoen lan egiterik.
- c) azkenean lo luzea egin zuen.

12. Hurrengo egunean...

- a) hantxe zuen zain artzaina.
- b) korrika joan zen mendira.
- c) gosari ederra prestatu zioten.

13. Nolakoa zen neguko lana?

- a) Gogorra.
- b) Erraza.
- c) Udakoa baino zailagoa.

14. Gogorragoak izan ziren...

- a) udako beroak.
- b) udaberriko lanak.
- c) neguko gauak.

15. Zer gertatu zen?

- a) Artzaina gaixotu egin zela.
- b) Otsoek ardiei eraso egin zietela.
- c) Morroia gaixotu egin zela.

16. Zer esan zion nagusiak Agustini?

- a) Berak zainduko zuela baserria.
- b) Artaldea salduko zuela.
- c) Agustinek zaindu behar zuela artaldea.

17. Nork egin zion konpainia?

- a) Artzainaren semeak.
- b) Zakurrak.
- c) Inork ez.

18. Egun hartan, artaldearekin, jakin zuen...

- a) zeinen gaiztoa zen nagusia.
- b) nola maite zuten ardiek artzaina.
- c) zenbat hots dituen gauak.

19. Egun berria hasterakoan...

- a) hartu omen zuen loak.
- b) hasi zen lanean.
- c) etorri zitzaion artzaina.

20. Esnatutakoan, Agustinek...

- a) kutuna laztandu zuen.
- b) kutuna galdu zuela ikusi zuen.
- c) maitekiro begiratu zion kutunari.

Testua ordenatu

Ordena itzazu testu honen zatiak ulertzeko moduan. ◆

| 1 | Arratsalde hartako bidea bezain luzea egin zitzaion gaua, loaren zain. |

| | Hantxe zuen zain artzaina, artaldea inguruan zuela. |

| | Azkenean, kutunera eraman omen zituen bi eskuak. |

| | Eta lo luzea egin omen zuen, etxekoandre berriak esnatu zuen arte. |

| | Baina loa etortzen ez. |

| | Hego-haizea zebilen kanpoan. |

| 7 | Hasi beharra zegoen lanean. |

Bilatu esaldia

Bilatu zutabe bakoitzean errepikatzen den hitza. Gero, idatzi ateratzen den esaldia, hitzak ondo ordenatuta. ◆

halako	onbide	egin	batean	zion	argitu	berriz
holako	omen	egon	bietan	zuen	argiro	berriki
honako	onaldi	agin	batuan	zena	argilo	berria
halako	olibari	egun	batean	zuen	argirudi	berriro
halaxe	omen	ehun	barean	zera	argirik	berria
halatan	olgeta	egun	berean	zuek	argitu	berria
halako	omen	egur	batere	zuen	argose	baraua
halatsu	onesle	egun	batean	zugan	argal	barruan
halako	omen	egarri	batean	zunda	argitu	buruan
halaber	omen	ekin	bakean	zurea	argilun	berritu

Zer argitu zuen?

Erne!

Idatzi zenbat aldiz errepikatzen diren azpiko letra multzoak. ◆

galdezka   misteriotsua   **laguntza**   **izeba**

etortzen   utzita

artzain   eutsi   aizkora

jaitsi   pasatzera   haizeak

txiki

errazenetik

txikiak   gutxi   bizimodu

ezkongaiak   etsi

arratsalde   motzagoa   zuten

TX: ___	EZ: ___	TS: ___	ZE: ___	TZ: ___

Testua ulertuz

Irakurri testua dagoen bezala, eta gero, erantzun galderei. ◆

Erraza izaten zen lana neguan: Eguna motzagoa eta haserri inguruan
artaldea; eta herak artzainari janik eraman behar ez mendira:
Udaberrian hasten omen zen gorriak ikusten; artzaina artaldearekin
mendira joaten zenean; hari jana eraman behar; eta gainera
hasserriko lanak egin··· Pixkanaka-pixkanaka jarri omen zen bizimodu
hartara ere: Laguntza ederra izan omen zuen gauez kutuna: Batez
ere; artaldearekin gaua pasatzera bidali zuten lehenengo hartan:

✿ Nolakoa da neguko lana?   _____

✿ Zer bi lan egin behar zituen udaberrian?   _____

_____

✿ Zerk laguntzen zion gauez?   _____

Barraskiloaren etxea

Bila ezazu ezkutatuta dagoen esaldia, gezitik hasi eta espiralean jarraituz. ◆

R	O	T	E	K	I	L	I	S	I	A
R	I	.A	R	I	K	O	T	N	E	T
I	S	T	R	A	,A	R	I	D	D	E
Z	I	A	K	I	L	I	S	N	U	A
E	L	L	I	T	S	U	I	E	E	I
N	I	D	G	I	**A**	G	L	M	Z	K
G	K	E	O	N	I	S	I	N	A	Z
A	E	A	O	M	E	N	Z	E	R	U
U	Z	E	T	A	Z	A	K	U	R	G
A	K	U	T	A	T	U	Z	E	N	E

✳ Zer egin zuen Agustinek? _____

✳ Zer aurkituko zuen mendian? _____

✳ Zer ezkutatu zen? _____

✳ Zer heldu zen? _____

Irakurketa hobetzeko

Irakur itzazu beheko hitzak marra urdinari begiekin jarraituz. Irakasleak esandakoan, pasa ezazu orria eta seinala itzazu irakurritakoak. ◆

sega	luze	txiki
nuen	hark	dena
lehen	begiz	piztua
eskua	eguna	gauak
artaldea	umetako	eguzkia
jostailuak	ezkutatua	inguruan
misteriotsu	okerragoak	isiltasuna
mugimendu	arratsaldea	izeba-osaba
jakingarriagoa	aitona-amonak	upelarenean

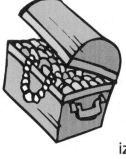

Buruari eragin

Seinala itzazu aurreko orrian irakurri dituzun zazpi hitz. ◆

isuri	elkarri
gure	artaldea
lehen	isiltasuna
hodei	izeba-osaba
liburu	zabaltasuna
eguna	interesgarria
kutuna	jakingarriagoa
inguruan	dozena eta erdi

Irakurketa hobetzeko

Irakurri testua eta erreparatu lerro bakoitzaren ondoan dagoen zenbakiari. Adierazi zer lerrotan dauden eskuineko hitzak. ◆

1. Joanak zitzaizkion Agustini umetako egunak.
2. Gizon izaten hasi beharko zuen biharamunetik
3. aurrera.

4. —Adio, Agustin —esan zion aitonak, baserriko
5. atarian utzi zuenean, bertakoekin afaldu
6. ondoren. Farola piztuta omen zeraman
7. eskuan, eta keinu egin omen zion begiz.

8. Agustin txikiak bazekien zer esan nahi zuen
9. keinu hark. Lepora eraman zuen eskua.
10. Hantxe zuen, bai, lau urte lehenago aitonak
11. berak emandako kutuna. Arropa gutxi eraman
12. zuen etxe berrira, fardel txiki batean. Arropa
13. gutxi fardelean, eta kutun kutuna lepoan, eta
14. aitonak kontatutako Pulapularen pasarte
15. misteriotsuak golkoan, eta «eutsi etsi gabe»
16. hura bihotz-bihotzean.

fardel	_____
ondoren	_____
lepora	_____
golkoan	_____
hasi	_____
atarian	_____
arropa	_____
bihotz	_____
Agustin	_____
kutuna	_____
piztuta	_____
bihotzean	_____

Agustinek zer hiru gauza eraman zituen, eta non?

1. _____

2. _____

3. _____

Aitonaren abarkak

**Irakur ezazu aitonaren abarken lokarrietan dagoen testua.
Gero, idatz ezazu.** ◆

Sartudageroaitonasarobebarrura,etaharanonikustendituenbiotsohilda. Haiekhilaizan,noski,artaldeerdia.Batekardiakbanan-banan akabatu,alegia,besteazakurrarekinborrokanarizen bitartean.Etazakurrakotsoahiletabigarrenarenbilajoan.

Testua: _____

_____

_____

_____

_____

_____

Hartu liburua

**Erantzun galderei ahalik eta azkarren. Horretarako, liburuko 8. atalean
begiratu behar duzu, 47. orrialdetik aurrera.** ◆

✳ Zein da izenburua?: _____

✳ Zenbat orrialde ditu? _____

✳ Marrazkirik ba al du? _____

✳ Zer orrialdetan daude elkarrizketak? _____

✳ Zer orrialdetan daude paragrafo laburrena eta luzeena? _____

✳ Zer orrialdetan ez da agertzen «Agustin» izena? _____

✳ Zein dira ataleko lehen eta azken hitzak? _____

✳ Zer orrialdek ditu lerro gutxien? _____

Testua ordenatu

Ordenatu testua, 1etik 8ra arteko zenbakiak jarriz. ◆

_____	✳ Ezagunak zituen Agustin txikiak mendiko bide guztiak;
_____	✳ Baserrian utzi behar izan zituen ordu arteko jostailuak:
_____	✳ baita auzoko baserri hartakoa ere.
_____	✳ bederatzi urte bete berritan.
_____	✳ aitonak egindako aizkora txikia, segan pikatzen
_____	✳ Baina oso luze egin zitzaion egun hartan,
_____	✳ erabiltzen zuen mailua, beti sasi tartean
_____	✳ ibiltzen zen antxume beltza...

Ireki begiak!

Bila ezazu zenbat aldiz errepikatzen diren, laukietan, behean adierazitako letrak. Kontuz, begiak baino ezin dituzu erabili! ◆

```
s k e t r n k n
s c z r e k b j
l k s a l r d s
f r c j h s d g
z v s z x e b a
a e k m n l e z
g h e j s b k r
k u z b y s t l
```

e: _____   s: _____   z: _____

k: _____   r: _____   g: _____

```
B E P T A N O S
H G D U M S U Z
Z U P B N Z M K
H N Z Z L F E B
B D P P N F B M
Z B R G B Z S Z
N C L N Z U L K
U R B Z S D N N
```

P: _____   B: _____   N: _____

L: _____   U: _____   Z: _____

Hitzak osatu

Osatu hitzak, falta diren hizkiak jarrita. ◆

```
E___SI          __X__TU          BI___BA
LU__AR__        __AI__T__A       _ND___GE
_R__I__EN       PA__A___E        URP___AT__
```

Irakurketa ozena

Ikasgelako beste ikaskideei irakurri baino lehen, ondo prestatu irakurgaia. Zenbakien ordez, eskuineko zutabetik dagokion hitza aukeratu behar duzu. ◆

Kutuna

Kutunaren jabearentzat, ustez botere babesleak eta espiritualak izan ohi ditu kutunak. Oparotasun handiagoa, zorte ona eta maitasuna ekartzen dituela ere uste da. Gizakien sineskerien (2) dira. Kutunak gizateriaren objektu zaharrenetakoak dira, (6), kutunetan, zoritxarrei aurre egiteko ihesbidea aurkitzen baitzuen, zoritxar horiek (3), moralak edo espiritualak izan. Lehenengo kutunak elementu naturalekin eginak ziren: harriak, landutako zura edo kristal (8), beren kolore, forma edo bitxitasunagatik preziatuak zirenak.

Aurrerago, (1) erabilerako objektuak ere hasi ziren kutun gisa erabiltzen, norbaiten jabetzakoak izateagatik edo gertaeraren baten parte izan zirelako. Gorde egiten ziren, nolabaiteko (4) zutela uste baitzen. Gaur egun, kutun (5) dago, komertzialak nahiz pertsonalak, nork bere balioa ematen baitio (7), eta horrenbestez, esanahi ezberdina (9) du bakoitzak. Kutuna daraman pertsonak beste batzuei horren berri ematea edo ez ematea erabaki dezake, bere (10) edo fedearen arabera.

1. ohiko
2. parte
3. fisikoak
4. boterea
5. mordoa
6. gizakiak
7. objektuari
8. naturalak
9. hartzen
10. sinesmen

Aukeratu erantzun zuzenak

Irakurri eta markatu X batez erantzun zuzenak. ◆

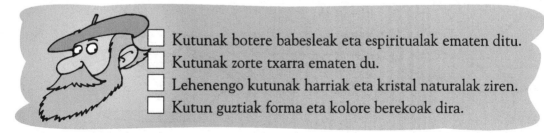

☐ Kutunak botere babesleak eta espiritualak ematen ditu.
☐ Kutunak zorte txarra ematen du.
☐ Lehenengo kutunak harriak eta kristal naturalak ziren.
☐ Kutun guztiak forma eta kolore berekoak dira.

Ulermen-proba

Kontuan izan galderek erantzun zuzen bat baino gehiago izan ditzaketela. ◆

1. Nolakoa zen aitona Nikolas?

- a) Argala eta indargabea.
- b) Tximista bezain azkarra.
- c) Potoloa eta indartsua.
- d) Indartsua, gogorra eta bizkorra.
- e) Aingira bezain labaina eta iheskorra.

2. Nikolasen atzetik…

- a) polizia zebilen.
- b) arerioek hilabeteak zeramatzaten.
- c) lapur batzuk zebiltzan.
- d) gurasoak zebiltzan.
- e) gerrako etsaiak zebiltzan.

3. Zer ihesbide utzi zioten?

- a) Itsasokoa.
- b) Pulapularen irlakoa.
- c) Baserrikoa.
- d) Mendiko bordakoa.
- e) Familiaren etxekoa.

4. Zer miatu zuten?

- a) Baserriko zoko guztiak.
- b) Herriko baserri guztiak.
- c) Ganbara eta ukuilua bakarrik.
- d) Etxe osoa.
- e) Gelak, komuna, ganbara eta ukuilua.

5. Isil-isilik zeuden…

- a) ama eta aita.
- b) Nikolasen aitona-amonak.
- c) etxekoak.
- d) ama eta bost seme-alabak.
- e) soldaduak.

6. Baserriko upel handia…

- a) lehertu egin zen.
- b) Nikolasen ezkutalekua izan zen.
- c) erdiraino zegoen sagardoz beteta.
- d) erre egin zen.
- e) ke bihurtu zen.

7. Zergatik irten ziren harrituta soldaduak baserritik?

_____

_____

8. Zer agindu zuen soldadu-buruak etxetik irtetean? Zertarako?

_____

_____

_____

9. Zer sentituko ote zuten etxekoek baserria ere hauts bihurtuta ikustean?

_____

_____

10. Zer egingo zenuke zuk upeletik bizirik irten ondoren? Asma ezazu hiru lerroko amaiera.

_____

_____

_____

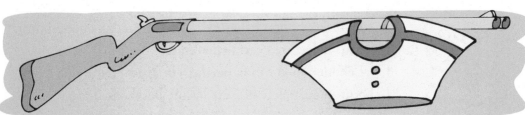

Sinonimoak eta antonimoak

Ipini sinonimoak eta antonimoak dagokien lekuan. ◆

SINONIMOAK	sendo, gerturatu, justu-justu, gainditu, blai, abandonatu, etsai, ikara, bizi, eskuratu.
ANTONIMOAK	geldo, ahul, lehor, lagun, galdu, adore, urrutiratu, galdu, erraz, eutsi.

HITZA	SINONIMOAK	ANTONIMOAK
irabazi	_____	_____
arerio	_____	_____
beldur	_____	_____
bizkor	_____	_____
busti	_____	_____
etsi	_____	_____
inguratu	_____	_____
lortu	_____	_____
indartsu	_____	_____
nekez	_____	_____

Atzoko gertaera

Idatz ezazu lehenaldian Nikolasen gertakizuna. ◆

Hala ere, gaur ondo harrapatu dute. Ihesbide bakarra utzi diote: baserrikoa. Baserrira jo beharko du Nikolasek derrigor, etsaien atzaparretan erori nahi ez badu. Itxi egin dizkiote mendiko bideak… Erabat inguratuta daukate. Eta Nikolasek baserriko bidea hartu behar izan du. Handik nekez ihes egingo du.

_____
_____
_____
_____
_____

Erne!

Bi lauki handi dituzu behean eta bakoitzean hitzak bi aldiz errepikatuta daude, hiru izan ezik. Bilatu hiru hitz horiek, eta idatzi hutsuneetan. ◆

txikiagoa	gaina	besterik	fidagaitz	gaina	ehiza
pasarte	mendiko	ehiza	pasarte	besterik	aurrera
istorioak	besterik	derrigor	fidagaitz	txikiagoa	derrigor
besterik	aurrera	labain			

miatu	lehertu	lehertu	itzaltzeko	geratu	erabaki
errukarri	erabaki	piztia	zedin	azaldu	txikitu
izenez	txikitu	miatu	errukarri	zedin	jotzeko
izenez	itzaltzeko	azaldu			

Testu orbanduna

Irakurri testua, eta gero, erantzun galderei ahalik eta azkarren. ◆

Baina nola lortuko zuen Nikolasek suaren garretatik ihes egitea?

Izututa ik✳i zuten baserria erretzen. Suak desegin zituen lastoa eta b✳arra, artoa eta egurra, habeak eta zutabeak, teila✳a eta mandioa, etxebizitza eta ukuilua. Ke bihurtu zen hainbat eta h✳bat urtetako

ametsa. Eta Nik✳s? Hura ere ke bihurtua izango zen. Han ez zen ezer az✳u. Etsita aldegin zuten soldaduek, azkeneko hondarrak sutan utzita.

Bas✳ko upel handia erreko zen azkena. Hara h✳ildu ziren gureak: negarrez

gazteenak, baina er✳at etsi gabe zaharrenak. Eta, bat-batean, upela le✳rtu zen. Eta bertako sag✳oak aldameneko sua itzali z✳n.

Eta han azaldu zen Nikolas busti-busti eginda.

Idatz itzazu aurreko testuan estalita dauden hitzak.

_____ _____ _____ _____

_____ _____ _____ _____

_____ _____

Zein dira «...-ta» atzizkia daramaten hitzak?

_____

Esaldiak berreraiki

Idatz itzazu lau esaldi, zutabe bakoitzeko zati bat aukeratuz. ◆

| Behin baino
Hamabi begi
Nahiko sagardo
Itxi egin | zizkioten mendiko
gehiagotan egon
errukarri topatu
izan zen, | zituzten sukalde
bideak, oztopatu
inguruko sua
ziren hura | itzaltzeko.
errekakoa.
bazterrean.
harrapatzeko zorian. |

1. _____
2. _____
3. _____
4. _____

Errepikatutako hitzak

Zutabe bakoitzeko hitz batzuk errepikatuta daude. Idatz itzazu zein diren eta zenbat aldiz dauden idatzita. ◆

				Hitza	Kopurua
bezain	zaindua	azkena	handia		
botika	zituzten	aitona	hainbat	___	___
batean	zabaldu	aurretik	hartara	___	___
berriro	zeuzkan	arerioa	handia	___	___
bideak	zabaldu	andrea	hamabi	**Hitza**	**Kopurua**
batean	zutabea	aurretik	handik		
beldur	zutenek	ametsa	handik	___	___
berriro	zabaldu	arnasa	handia	___	___
batean	zutabea	agindu	herrira	___	___
bideak	zaindua	aurretik	handia	**Hitza**	**Kopurua**
berriro	zutabea	ametsa	handik		
batean	zaindua	alferrik	handia	___	___
botika	zeuzkan	aurretik	historia	___	___
buruan	zutabea	asmoa	herritik	___	___
berriro	zabaldu	alferrik	handia	**Hitza**	**Kopurua**
batean	zaindua	ametsa	hilabete		
botika	zutabea	aurretik	handia	___	___
batean	zabaldu	aukera	herritik	___	___
				___	___

Nikolas, non zaude?

Irakur ezazu testua geziei jarraituz, eta Nikolas aurkituko duzu. ◆

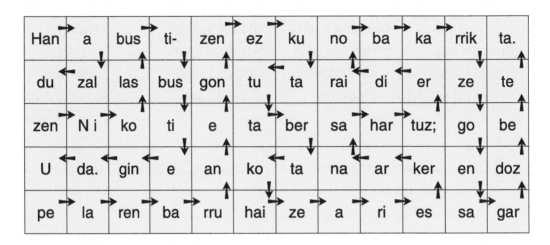

Han	a	bus	ti-	zen	ez	ku	no	ba	ka	rrik	ta.
du	zal	las	bus	gon	tu	ta	rai	di	er	ze	te
zen	N i	ko	ti	e	ta	ber	sa	har	tuz;	go	be
U	da.	gin	e	an	ko	ta	na	ar	ker	en	doz
pe	la	ren	ba	rru	hai	ze	a	ri	es	sa	gar

- Non ezkutatu zen Nikolas? _____
- Nola agertu zen Nikolas? _____
- Noraino zegoen upela beteta? _____
- Zer egin zuen sagardoak? _____

Hitzak osatzen

Osa itzazu hitzak behar bezala. ◆

A___karra
Gu___tiak
Indar____u
Jo___emari
Zorion____ua

E____aia
Hu____a
O___topo
Gi___agajoa
Mal____urra

Ba___ter
Iraba___i
A____etik
E___natu
E___agutu

Berri___
I___ilik
Bi___ilagun
Garra___ika
____iki___eko

Erra___a
A___kena
Ai___kora
Galde___ka
Be___arkatu

U____ita
A____etik
____utabea
____ikitua
E____erako

44

Irakurketa ozena

Telebistaren aurkezle bat izango bazina bezala irakurri behar duzu testua. Irudiarekin topo egiten duzun bakoitzean, altxatu begiak eta begiratu entzuleei. ◆

Atea jo zuen, zakar eta fidagaitz, arerioen buru zirudienak. Nikolas ezkutatuaren amak ireki zion, beldurrak eta fidagaitzago.

—Non da 😊 piztia? –galdetu zion soldadu-buruak harro.

—Hemen ez da piztiarik bizi 😊 –erantzun andreak zuhur, denbora 😊 irabazi nahian eta aurre eginez.

Bultzada batez zabaldu 😊 zuen erabat atea soldadu-buruak. Haren 😊 atzetik sartu ziren dozena bat soldadu, gainerako 😊 guztiak baserri ingurua zaintzen utzita 😊. Baserriko zoko guztiak miatu 😊 zituzten. Hamabi begi 😊 errukarri topatu zituzten sukalde 😊 bazterrean: amaren biak 😊 eta bost seme-alabenak.

—Non da 😊 Nikolas? –galdetu zion soldadu batek.

Galdera hark gehiago beldurtu 😊 zuen ama. Bazen soldadu-talde hartan, nonbait, bere semea 😊 izenez ere ezagutzen zuenik. Baina 😊 galderak ez zuen erantzunik izan. Isilik 😊 geratu zen ama, eta isilago bost 😊 seme-alabak.

Baserri osoa miatzen 😊 jarraitu zuten soldaduek: gelak, 😊 komunak, ganbara eta ukuilua, mandioa eta 😊 teilatu azpia, garia jotzeko makina 😊 eta arbia txikitzekoa, upelak eta 😊 barrikak.

Ideia nagusia

Hiru aukeretatik bat da zuzena. Zein? Irakurri esaldi bakoitza eta markatu erantzuna gurutze batez. ◆

«Soldaduak, Nikolasen bila, bere etxera doaz»
- ☐ Testuaren laburpena da.
- ☐ Testuko esaldi bat da.
- ☐ Testuaren ikuspegi kritikoa da.

«Nikolasek, etxean, sagardo-upelak prestatzen zituen»
- ☐ Testuaren izenburua da.
- ☐ Ez du zerikusirik testuarekin.
- ☐ Testuaren laburpena da.

«Isilik geratu zen ama, eta isilago bost seme-alabak»
- ☐ Testuaren laburpena da.
- ☐ Ez du zerikusirik testuarekin.
- ☐ Testuko esaldi bat da.

Ulermen-proba

1. Zertara joan ziren baserrira?

a) Saltzeko asmoz.
b) Erretako baserria ikustera.
c) Soldaduak ikustera.

2. Nori gertatu zitzaion istorio hura?

a) Aitona Nikolasi.
b) Aitona Agustini.
c) Aitona Joxemariri.

3. Baserria, geratzen zena,...

a) ez zegoen hain gaizki.
b) kiskalita zegoen.
c) soldaduek erabiltzen zuten.

4. Upelaren oholetan idatzita...

a) aitona-amonen izenak zeuden.
b) abesti ezagunak zeuden.
c) bi esaldi misteriotsu zeuden.

5. Batek zioen: «Gizonik beldurtiena...

a) soldaduei beldur diena».
b) ezkutatzen dena».
c) beldurraren beldur dena».

6. Idazki hauek...

a) arotz batek egin zituen.
b) aitona Joakinek idatzi zituen.
c) idazle ezagun batek egin zituen.

7. Noiz idatzi zituen?

a) Upela egiten aritu zenean.
b) Upelak bukatu zituenean.
c) Hil baino lehen.

8. Bigarrenak hau zioen: «Gizonik indartsuena...

a) beso sendoak dituena».
b) bakarrikan bizi dena».
c) beti irabazten duena».

9. Zer egin nahi zuen aitona Nikolasek?

a) Bizitza upelean utzi.
b) Pulapularen sekretua upelean utzi.
c) Bere esaldi bat betiko idatzita utzi.

10. Bigarren idazkia aldatuz: «Gizonik indartsuena...

a) bertso asmatzailea» jarri zuen.
b) irabazia dagoena» jarri zuen.
c) barrikan bizitu dena» jarri zuen.

11. Aitona Nikolas...

a) indartsua zen giharrez eta bihotzez.
b) apala zen, batez ere lagunekin.
c) oso bakartia zen.

12. Zer egin zuten baserriarekin?

a) Goitik behera bota.
b) Barrutik margotu.
c) Berritu.

13. Joxemarik kontaketa bukatu zuenean...

a) negarrez hasi zen.
b) maitekiro begiratu zion kutunari.
c) hitz arraroak esan zituen.

14. Ainhoak kutuna jasotzerakoan...

a) bederatzi urte zituen.
b) bost urte zituen.
c) zazpi urte zituen.

15. Zer berritu zion?

a) Upelaren sekretua.
b) Pulapularen 3. pasartea.
c) Altxorra aurkitzeko planoa.

16. Esan zuenez, eguna iristean...

a) mundu osoak jakin dezake sekretua.
b) altxorra denon artean banatuko da.
c) kutuna zazpi zatitan banatuko da.

17. Kutunaren sekretua ezagutzeko...

a) ireki egin behar zen.
b) kutxa batean gorde behar zen.
c) ireki gabe egon behar zuen.

18. Irekitzekotan bakarrik...

a) zazpigarren aitona-amonak bilobari ematean.
b) kutuna asko handitzean.
c) laugarren aitona-amonak bilobari ematean.

19. Zenbatgarrena zen aitona Joxemari?

a) Bederatzigarrena.
b) Zortzigarrena.
c) Seigarrena.

20. Aitonak Anttoniri esan zionez, kutuna...

a) «nahi denean ireki daiteke».
b) «azken mailaraino gorde behar da».
c) «ez da inoiz ireki behar».

Hiztegia

Ordena itzazu hizkiak eta osatu hitzak. Gero, idatzi esanahi bakoitzaren ondoan dagokion hitza. ◆

| RA LD | IO | TE | E P | SA PA |
| BE UR | TOR IS | KA A | U A L | RTE |

| AE | ALI SK | TU | L A I | H L O |
| RA ES | KI | ZA LU | A M | A O |

Zerbaiti neurri handiagoa eman. _____

Testu baten zatia. _____

Arriskuaren aurrean sortutako kezka. _____

Igoera edo jaitsiera adierazten duen hitza. _____

Zerbait guztiz erre. _____

Gertaera baten narrazioa. _____

Hizkuntzek dituzten esaldi eginak. _____

Likidoa gordetzeko ontzia. _____

Lotura. _____

Egurrezko pieza laua. _____

Ireki begiak!

Identifika itzazu xehetasun guztiak, eta irakasleak esandakoan, egin hurrengo orrialdeko ariketa. ◆

Elefantearen memoria

Biribildu aurreko orrialdean ikusi dituzun irudiak. ◆

Osatu testua

Koka itzazu hitzak testuan dagokien tokian. ◆

> zaharrenari berritu misteriotsua egun hartan
> luzatu eguna horretarako sekretua

Gertaera harrigarri hura amaitu zuenean, Ainhoa, maitekiro begiratu zion
kutunari aitona Joxemarik, eta maitekiro begiratu zidan niri _____
_____, bost urte bete nituenean. Eta eskua _____ zidan eta
bostekoa eman, eta orduan _____ zidan Pulapula aztiaren
hirugarren pasarte _____:
—Baina mundu osoak jakin dezake sekretuaren berri _____ iristean.
Baldintza bat bete beharko da _____: ireki gabe pasatzea
kutuna aitona-amonengandik bilobengana. Eta zazpigarren aitona-amonak
biloba _____ eman eta bilobak kutuna irekitzean, agerian
geratuko da _____ denen aurrean. Baina orduan bakarrik.

Errepikatutako hitzak

Zenbat aldiz errepikatzen da ezkerrean dagoen hitza? Egin ariketa ahalik eta azkarren eta begiak bakarrik erabiliz. ◆

upela	upela, epela, upagin, upela, upelera, opari, upelgile, upategi, upela, urpera, upela, urpekari, upagin, upela, operazioa, opalina, urdanga.
artean	artera, artez, artezkar, arteko, artean, artizar, artezki, artean, arteka, artezale, artezketa, arturra, artean, artehun, artazi, artesiar, artesi, artileki.
esaera	eskaera, esaera, eskailera, eskain, esaera, esanahia, esan, esaera, esana, esaera, esanen, esaera, esangin, esaera, esentzia, esaera, esaka, esaera.
bakea	bakea, bakea, baketze, bakezale, bakealdi, baketiar, batu, bakoitza, bakoiti, bakea, baketi, baketa, bakarrik, bakea, balakada, bakarti.
katea	katea, katekista, katiga, kateme, kalea, katarde, katatxori, katedral, katea, katuki, kausera, katea, kautoki, katea, katea, katakume, katea.
handia	handik, handizka, handiki, handia, handizale, handiuste, handia, handixko, handia, handitsu, handia, handiro, handia, handikiro, handia, handia.
amaitu	amaiezin, amaitu, amaiera, amagoi, amaitu, amelu, amaitu, amatiar, amaitu, amatasun, ama, amatxo, amaizun, amaitu, amama, amaitu.

Ikusmen-trebetasuna

Bilatu erantzunak ahalik eta azkarren. Kontuz, begiak baino ezin dituzu erabili! ◆

4a	s8	d0	2e	0o
s8	d0	5f	4a	2e
d0	1b	s8	6l	4a
7j	t3	t3	6v	7j
0o	7j	1b	5f	6l

Zer bikote ez da errepikatzen?

_____

13	57	31	85	75
62	94	71	26	17
36	65	85	28	56
49	41	32	63	82
95	51	23	14	85

Zein da hiru aldiz errepikatzen den zenbakia?

_____

ain	nia	zix	qib	vil
niu	qid	xiz	uin	aiñ
zix	qib	uin	qui	nia
ñia	nia	qid	xiv	vix
aiñ	aim	ñia	nia	zix

Zein da gehien errepikatzen den hirukotea?

_____

Hitz ezberdinak

Irakurri, ahalik eta azkarren, bi testuak aldi berean. Bitartean, azpimarratu ezberdinak direnak eskuineko laukian. ◆

Bigarrenak ere bazuen bere mamia:

Gizonik indartsuena
bakarrikan bizi dena.

Horrelako esaera asko asmatu omen zituen Joakinek. Halakoa izan omen zen haren bizitza ere, nahiz eta haren istorioak, inork zergatik ez dakiela, Ainhoa, galduak izan betiko. Kutunari maitekiro begira asmatzen omen zituen, iragana gogoan zuela, «zer ote du kutun honek barruan» galdezka.

Aitona Nikolasek ere utzi nahi omen zuen bere esaera bat betiko idatzia. Eta suak belztutako egur-puska bat hartu, eta lehen *ka* letrak ezabatu hitzari eta *tu* erantsi amaieran *bizi* hitzari. Geroztik oso ezaguna da gure artean, Ainhoa, aitona Nikolasek asmatutako esaera, zuk ere behin baino gehiagotan entzundakoa:

Gizonik indartsuena
barrikan bizitu dena

Bigarrenak ere bazuen bere mamia:

Gizonik indartsuena
bakarrikan bizi dena.

Horrelako esaera ondo asmatu omen zituen Joakinek. Halakoa izan omen zen haren bizialdia ere, nahiz eta haren kontaketak, inork zergatik ez dakiela, Ainhoa, galduak izan sekulako. Kutunari limurki begira igartzen omen zituen, lehenaldia gogoan zuela, «zer ote du kutun honek barnean» galdezka.

Aitona Nikolasek ere baztertu nahi omen zuen bere atsotitz bat betiko idatzia. Eta suak zikindutako egur-puska bat hartu, eta lehen *ka* letrak ezkutatu hitzari eta *tu* jantzi amaieran *bizi* hitzari. Geroztik oso ezaguna da gure artean, Ainhoa, aitite Nikolasek igarritako esaera, zuk ere behin baino gehiagotan ulertutakoa:

Gizonik indartsuena
barrikan bizitu dena

Memoria ona al duzu?

Esan kapituluaren baieztapen hauek egia ala gezurra diren. ◆

	E	G
◉ Erre ondoren, baserrian geratzen ziren gauzak ez zeuden hain gaizki.		
◉ Upelean lau esaldi misteriotsu zeuden idatzita.		
◉ Idazkiak aitona Joakinenak ziren.		
◉ Aitona Nikolas indartsua zen giharrez eta bihotzez.		
◉ Baserria berritu zuten.		
◉ Ainhoak kutuna jaso zuenean bost urte zituen.		
◉ Kutunaren mezu sekretuak ireki gabe egon behar zuen.		
◉ Mezua irekitzeko, lehendabizi aitonak edo amonak bilobari eman behar.		

Irakurketa ozena

Irakur itzazu arin eta erratu gabe aho-korapilo hauek. ◆

Akerrak adarrak okerrak ditu,
adarrak okerrak akerrak ditu,
adarrak akerrak okerrak ditu,
okerrak adarrak akerrak ditu.

Axala-maxala mantalin,
kipula-tipula kattalin,
kixkiti-kaxka kaxkatero,
tortila-mortila kozinero.
Mistika-mastika ñam
ogia, tortila, pastela… jan
zarrat eta zurrut
parrat eta purrut.

Irakurri, arin eta azkar, bi lerrotan arnasa hartu gabe. ◆

Txokolo mokolo txingo
txingola mingola txango

txankala mankala zart
zankulu zinkulu zirt

Niri gustatzen jaten Gasteizko gazta
gasta gasta egin jazta.

Jan barik jun barik jan jan einje jun
Jon be jan jan einje joan da ta.

Irakurri esaldiak intonazioa aldatuz. Oso kontuan hartu puntuazio-, galdera- eta harridura-markak. ◆

Aitona Joakin da, bi esaldi misteriotsuak aurkitu ditu idatziak.
Aitona Joakin da!, bi esaldi misteriotsuak aurkitu ditu idatziak?
Aitona Joakin da?, bi esaldi misteriotsuak aurkitu ditu!, idatziak?
Aitona Joakin da, zer aurkitu ditu idatziak?, bi esaldi misteriotsuak?
Aitona, Joakin da?, zer aurkitu ditu?, bi esaldi misteriotsuak!, idatziak?

Ulermen-proba

Irakurritako kapituluaren laburpena osatu hurrengo hitzak erabiliz. ◆

> aitona-amonengandik   berdin da
> zaharrengana   gertatutakoak   bost
> Aztiaren hitzak   Joan Sebastiani

> Kutunaren barruan   inori   jakiteko
> ondorengoei   askatu ala ez;
> alferrik,   indarge

KUTUNA

Pulapulak

Pulapularen

eman zionetik

helduko zaie

biloba

kontatu eta

pasatu da

ezin izango diolako

urte betetzean;

baina

neska edo mutila izan.

bi aukera daude:

esan, eta

zer dagoen

kontatzen dizkio.

Hiztegia landu

Egin hitz bakoitzarekin esaldi bat. Esanahia aurkitzeko, hiztegian begiratu dezakezu. ◆

urperatu	uxatu	sekula ez	agerian
amore eman	larrialdi	estrututa	zer-nolako

1. _____

2. _____

3. _____

4. _____

5. _____

6. _____

7. _____

8. _____

Testua osatu

Osa ezazu testua sakian dauden hitzekin. ◆

Eta gero, eskua luzatuz eta bostekoa emanez eta Pulapularen hirugarren pasarte misteriotsua eguneratuz:

—Baina mundu _____ jakin dezake sekretuaren berri, eguna iristean. Baldintza bat _____ beharko da horretarako: _____ gabe pasatzea kutuna aitona-monengandik bilobengana. _____ aitona-amonak biloba zaharrenari _____ eta bilobak _____ irekitzean, agerian geratuko da _____ denen aurrean. Baina orduan bakarrik.

sekretua

osoak

Zazpigarren

bete

eman

ireki

kutuna

Aurkitu hitzak

Aurki itzazu lauki bakoitzean dauden bi hitzak. Hitz bakoitzak 6 edo 8 letra ditu. Bikote guztiak erabili behar dituzu, baina errepikatu gabe. ◆

KU TU LA BE NA ZA

_____
_____

EZ RA IN KE EZ AU

_____
_____

AN KO EM AS EZ AN

_____
_____

AE SE KR RT RA GE UA ET

_____
_____

OR RI DU RA KO BA BI LO

_____
_____

UZ IT LA RR BE UR UN EH

_____
_____

Ikusmen-trebetasuna

Lauki bakoitzean bi hitz multzo berdin daude, baina alderantzizko ordenan jarrita. Bila itzazu zein diren begiak bakarrik erabilita, eta gero, azpimarratu. ◆

abiatu, aldapa, arreba, agerpen, aldiro
aldiro, arreba, agerpen, aldapa, abiatu
aldiro, arreba, aldapa, abiatu, agerpen
agerpen, aldapa, arreba, abiatu, aldiro
agerpen, abiatu, aldapa, arreba, aldiro
abiatu, arreba, agerpen, aldapa, aldiro

garoa, garrasia, garaia, galtzea, eguzkia
galtzea, garrasia, eguzkia, garaia, garoa
eguzkia, galtzea, garrasia, garaia, garoa
eguzkia, garoa, garrasia, garaia, galtzea
garoa, garrasia, galtzea, garaia, eguzkia
eguzkia, galtzea, garaia, garrasia, garoa

emateko, egiteko, esateko, etortzeko, eramateko
eramateko, esateko, egiteko, emateko, etortzeko
emateko, etortzeko, egiteko, esateko, eramateko
etortzeko, emateko, egiteko, esateko, eramateko
etortzeko, eramateko, emateko, esateko, egiteko
etortzeko, emateko, esateko, egiteko, eramateko

Testu orbanduna

Irakurri testua, eta gero, erantzun galderei ahalik eta azkarren. ◆

1

Kutuna lepotik zintzilik jarri ondoren, Pulapularen lehen pasarte misteriotsua gogoratuz:

—Luzaro ⬤ko zara, kutun hau eramanez gero. Eta luzaro biziko dira zure bilobak ere. Izan ere, zeure lehen biloba zaharrenari ⬤ngo diozu kutuna, hark bost urte bet⬤an.

2

Berdin da neska izan edo m⬤a izan. Eta nik gaur zuri esanak esango dizkiozu, eta zuri gertatutakoak adieraziko. Hala hasiko da ul⬤en zer-nolako gordailua den kutun hau. Eta beste ha⬤este egin beharko du hark ere: bere lehen bilobari eman, n⬤ka edo mutila izan, hark bost urte

3

betetzean. Eta denak biziko zarete urte a⬤an. Onik aterako baitzarete larrialdirik handienetan ere. Eta m⬤d emanez Pulapularen bigarren pasarte misteriotsua berrituz.

—Behin baino geh⬤tan galdetuko diozu zeure b⬤ari zer izan ote dezakeen kutunak barruan.

Idatzi estalita dauden hitzak.

_____ _____ _____ _____

_____ _____ _____ _____

_____ _____ _____ _____

Zer zutabetan dago idatzia?

«bere bilobari eman»: _____

«luzaro biziko dira»: _____

«bost urte betetzean»: _____

«neska edo mutila izan»: _____

Zenbat aldiz daude testuan?

Misteriotsua: _____ Mutila: _____ Pasarte: _____ Izan: _____

Zer zutabetan dago erantzuna?

Nori eman behar zaio kutuna? _____

Zenbat urte biziko dira? _____

Esaldiak berreraiki

Idatzi bost esaldi, zutabe bakoitzeko zati bat aukeratuz. ◆

Hainbestetan lagundu	jakin dezake	galduko du	ondorengoei ere
Eta berdin	bere indarra	erabili beti	zakarretan
Mundu osoak	gertatuko	zaie zure	pixkana-pixkana
Kutunak	zion itsasoko	sekretuaren berri,	soinean
Torizu	kutuna, eta	ekaitz	eguna iristean

》 _____

》 _____

》 _____

》 _____

》 _____

Antzeko hitzak

Zutabe hauetako hitzak bikoteka daude. Markatu gurutze batez ezberdinak diren bikoteak. ◆

hila	hila		osoa	usoa
baino	baino		ireki	ireki
ireki	eraiki		musu	mezu
amore	adore		biziko	biziko
nolako	nolako		askatu	eskatu
bezala	bezala		eguna	eguna
bertan	berean		mutila	makila
ezkutu	eskatu		pasarte	pasarte
luzatuz	lasaituz		kontatu	kantatu
bilobak	bilobak		gertatu	gertatu
kontatu	kantatu		barruan	berrian
estutua	estatutua		eraman	eraman
beharko	beharko		musua	mezua
egunean	egunean		zaharra	zakarra
gordailua	gordailua		berrituz	berriro
betetzean	berritzean		aditzera	aditzera
hainbeste	hainbeste		beharko	bertako
eramanez	eramanez		sekretua	sekretua
gehiagotan	gehiagotan		bakoitza	bikoitza
gorabehera	gorabehera		ondoren	ondoren

Irakurketa ozena

Testu honen esaldien ordena aldatuta dago. Presta ezazu ondo irakurgaia, zure irakurketa garbia eta atsegina izan dadin. ◆

1. Eta musu emanez, Pulapularen bigarren pasarte
3. —Behin baino gehiagotan galdetuko diozu zeure buruari zer
2. misteriotsua berrituz:
5. zaie ondorengoei ere. Orduan bi aukera izango dituzu zuk,
4. izan ote dezakeen kutunak barruan. Eta berdin gertatuko
7. kutuna askatu ala ez askatu. Askatzen duenak ikusiko du
8. zer duen kutunak barruan, baina ezin izango dio inori
6. eta bi aukera izango dituzte zure ondorengoek ere:
11. Eta kutunak bere indarra galduko du pixkana-pixkana,
13. eskuetara, eta ez du inork sekula jakingo
9. aditzera eman: alfer-alferrik saiatuko da.
12. eta ia-ia indarge iritsiko da zazpigarren bilobaren
10. Eta berarekin eramango du lurpera sekretua.
14. sekretu ezkutuaren berri.

Non daude hitzak?

Bilatu eskuineko laukiko hitzak letra-zopan. ◆

A	A	L	E	T	S	E	B	N	I	A	H
B	H	E	N	D	A	E	T	I	A	X	A
A	A	H	A	R	R	S	N	A	A	P	N
A	L	O	E	I	J	T	A	T	O	H	A
N	M	R	R	O	P	U	T	Z	K	S	K
E	E	R	R	R	S	T	U	A	E	T	X
R	N	E	A	I	N	A	N	P	T	O	I
R	A	K	K	O	T	S	O	A	S	H	P
A	H	O	A	S	R	U	L	R	O	K	N
H	I	T	Z	A	T	N	E	R	B	S	L
A	N	R	O	R	O	I	G	A	R	R	I
Z	I	N	T	Z	I	L	I	K	H	N	J

zaharrena
ahalmena
estutasun
atzaparrak
zintzilik
hitza
pixkana
bostekoa
oroigarri
lehorreko
hainbeste
zakarrean

57

Ulermen-proba

1. Ainhoaren...

a) bederatzigarren urtemuga zen.
b) bosgarren urtemuga zen.
c) biloba jaio zen.

2. Ainhoa katearen...

a) zortzigarren maila zen.
b) zazpigarren maila zen.
c) laugarren maila zen.

3. Zergatik zen «katebegia»?

a) Katearen lehen maila zelako.
b) Katearen azken maila zelako.
c) Kateak begi itxura zuelako.

4. Eskuetan zuen kutuna...

a) hondarrez beteta zegoen.
b) ireki gabe zegoen.
c) irekita zegoen.

5. Pulapula aztia...

a) Saramakoa zen.
b) hiri batekoa zen.
c) Samar irlakoa zen.

6. Non utzi zuen kutuna?

a) Aitona Joan Sebastianen eskuetan.
b) Kaxa batean sartuta.
c) Ainhoaren eskuetan.

7. Kutunak sekretu bat zuen...

a) likidoz beteta zegoela.
b) indarrik gabe zegoela.
c) indarrez beteta zegoela.

8. Amonak Ainhoari...

a) elezahar bat kontatu zion.
b) gertaera bat kontatu zion.
c) abesti bat kantatu zion.

9. Zein dira kapituluko protagonistak?

a) Osaba Markos eta izeba Maitena.
b) Izeba Miren eta osaba Ramon.
c) Aitona Nikolas eta izeba Maite.

10. Bi hauek...

a) gerra garaian jaio ziren.
b) mende bukaeran jaio ziren.
c) gerraostean jaio ziren.

11. Biak anai-arreba...

a) gazteak ziren.
b) zaharrak ziren.
c) bikiak ziren.

12. Urte haiek...

a) gose-urteak izan ziren.
b) oso alaiak izan ziren.
c) urte hotzak izan ziren.

13. Aitak erabaki zuen...

a) biak beste etxe batera eramatea.
b) bietako bat norbaiti ematea.
c) Markos baserrian bizitzea.

14. Ama ez zegoen...

a) biak etxean hazteko prest.
b) hainbeste lan egiteko prest.
c) inor kanpora eramateko prest.

15. Aitari planteatu zion...

a) berak erabakiko zuela.
b) bien artean hitz egingo zutela.
c) aitak erabakiko zuela nor utzi eta nor eraman.

16. Azkenean...

a) mutila bidali zuten.
b) biak hazi ziren baserrian.
c) neska bidali zuten.

17. Ainhoaren urtemugan iritsi zen...

a) kutuna aitonari emateko eguna.
b) kutunak barnean zuena jakiteko eguna.
c) jokoarekin jarraitzeko eguna.

18. Zer apustu egin zuen amonak?

a) Kutunak barruan hondarra zuela.
b) Kutunak barruan ez zuela ezer.
c) Bazekiela kutunak barruan zer zuen.

19. Kutunak barruan Pulapulak utzitako...

a) bi mezu handi zituen.
b) paper txiki bat zuen.
c) erle bat zuen.

20. Zein zen kutunaren bigarren mezua?

a) Kutunak ez zuela ezertarako balio.
b) Bere indarra laster galtzen zela.
c) Indarra gure ahalmenean dagoela.

Hiztegia

Hiztegiaren laguntzaz, bila ezazu hitzen esanahia eta gero osa itzazu esaldiak. ◆

bihotza	gertaera	urtemuga	katea	amaitu	hazi
erantzi	ostean	bikiak	bularra	ahalmena	mezua

_____	Jaiotza berean bi haur jaiotzea.
_____	Giza enborraren aurrealdea.
_____	Zerbaiten ondoren datorrena.
_____	Pieza ezberdinak lotzen dituena.
_____	Era batean gertatutako egintza.
_____	Urteak betetzen diren eguna.
_____	Norbaiti bidaltzen zaion errekadua.
_____	Gorputzaren organo garrantzitsua.
_____	Jantzia soinetik kendu.
_____	Zerbait burutzeko gaitasuna.
_____	Zerbait/norbait handi egin.
_____	Ekintza bati bukaera eman.

Barraskiloaren etxea

Bila ezazu ezkutatuta dagoen esaldia, gezitik hasiz eta espiralean jarraituz. ◆

K	U	T	A	T	N	O	K	T
O	E	R	R	U	A	I	Z	A
D	T	Z	A	T	E	I	T	B
I	I	U	N	U	T	Z	U	A
Z	K,	R	A	**K**	U	T	N	R
U	A	E	E	R	A	N	A	E
T.	I	E	S	K	U	E	T	A
	N	H	O	A,	G	E	R	T

Norentzat da oharra?

_____

Zer erantzi behar zuen?

_____

Noiz kontatuko dio gertaera bat?

_____

Irakurketa hobetzeko

Irakurri testua bi aldiz. Marrak esango dizu non kokatu behar dituzun begiak. Idatzi zenbat denbora iraun duen irakurketa bakoitzak. ◆

Egun batean,
zure aitona
etxean eta, hobe
haietako bat
hobeto haziko
Bihotza erdibitu
ni seme-alaba
eramateko prest.
esan nion aitonari,
—Hor dituzu biak
eta nor eraman.

ordea, hor datorkit
alegia, aho gehiegi
izango genuela
beste etxe batekoei
zutela gurean
zidaten haren hitzek.
haietako inor
Kutunari estu-estu
haurren aitari,
aukeran. Zeuk

umeen aita,
genituela
noski, biki
ematea. Han
baino eta.
Ez nengoen
kanpora
heldu eta honela
neure senarrari:
erabaki nor utzi

Ez zen gauza izan   inor eramateko.   Biak hazi genituen
baserrian: osaba Markos eta izeba Maitena.

Horrelako gertaeraz betea dago, Ainhoa, kutuna eraman dugunon bizitza eta kutunaren beraren historia. Gaur historia horren lehen aldia amaitzera doa. Denok jakingo dugu zer duen kutunak barnean; eta edozein baliatu ahal izango da, jakina, horren indarrez, nahiz eta zuk bakarrik eraman kutuna.

(Lehen denbora: _____)   (Bigarren denbora: _____)

1. Zer egin nahi zuen bikiekin? _____

2. Zerk erdibitu zion bihotza amari? _____

3. Nahi al zuen amak bikiak banatzerik? _____

4. Nola dute izena bikiek? _____

Erne!

Lauki honetan hitz guztiak bi aldiz errepikatuta daude, hiru izan ezik. Bila itzazu hiru horiek eta hutsuneetan idatz itzazu. ◆

hitzek	baliatu	indarrez	altxorra	gertaera	osaba
aukera	handituta	askoan	haurren	kutuna	bakarrik
askoan	gertaera	bakarrik	hitzek	barnean	gordailu
indarrez	aukera	osaba	haurren	eskuetan	barnean
kutuna	eskuetan	baliatu			

Testua osatu

Beheko testuan irakurgaiaren zati batzuk kendu dira. Koka itzazu dagokien tokian, zenbakia jarrita. ◆

1. gurean baino eta
2. ume haiek bularrez hazten
3. eramateko prest
4. hobe izango genuela
5. erdibitu zidaten
6. hor datorkit umeen aita

Gerraostean jaio ziren osaba Markos eta izeba Maitena, anai-arreba bikiak eta seme-alabetan seigarrena eta zazpigarrena. Gose-urteak izan ziren haiek. Baina nola edo hala saiatu nintzen ◯, aurreko bostak hazten saiatu nintzen bezala.

Egun batean, ordea, ◯, zure aitona alegia, aho gehiegi genituela etxean eta. ◯, noski, biki haietako bat beste etxe batekoei ematea. Han hobeto haziko zutela ◯.

Bihotza ◯ haren hitzek. Ez nengoen ni seme-alaba haietako inor kanpora ◯. Kutunari estu-estu heldu eta honela esan nion aitonari.

Kateatua

Osatu hitz kateatua beheko hitz hauekin. Saiatu gogoratzen kateatuan erabili dituzun hitzak. ◆

eskuetan, bularrez, urtemuga, berritan, estualdi, erabaki, erantzi, badaki, iritsi, aztia, zatitu, arreba, eutsi, unean, gure, utzi

Ea gogoratzen duzun!

Zein dira kateatua osatzeko erabili dituzun zortzi hitzak? Azpimarratu. ◆

bizi
iritsi
baita
zatitu
arreba
handitu
eskuetan
gertaeraz

eutsi
apustu
erantzi
estualdi
edozein
indarrez
kontatuta
urtemuga

Esaldien hitzak ordenatu

Ordena itzazu hitzak dagokien moduan. Kontuan izan lehen eta azken hitzak ondo kokatuta daudela. ◆

Indarra kutunean dago ez; ahalmenean, gure baizik.

_____

Ainhoa, katearen azkena zortzigarren zeu eta zara maila azkena.

_____

Elefantearen memoria

Liburuan zazpi aitona-amonen izenak agertu dira. Ordena itzazu kronologikoki. ◆

| Gaxpar | Joakin | Joxemari | Nikolas | Anttoni | Agustin |

1. maila → 2. maila → 3. maila → 4. maila

1. maila	2. maila	3. maila	4. maila
JOAN SEBASTIAN			

↑ 8. maila   7. maila   6. maila   5. maila ↓

8. maila	7. maila	6. maila	5. maila
AINHOA ←	←	←	

Sinonimoak eta antonimoak

Koka itzazu sinonimoak eta antonimoak beren lekuan. ◆

SINONIMOAK	bukatu, atzean, zatitu, xamurra, mehea, barruan, baztertu, ahula, geldia, gertu, erori
ANTONIMOAK	hasi, aurrean, osotu, gogorra, zabala, kanpoan, hartu, sendo, bizkorra, urruti, zutitu

HITZA	SINONIMOAK	ANTONIMOAK
ostean	_____	_____
estua	_____	_____
utzi	_____	_____
makala	_____	_____
amaitu	_____	_____
erdibitu	_____	_____
biguna	_____	_____
motela	_____	_____
hurbil	_____	_____
jausi	_____	_____
barnean	_____	_____

Buruz behera

Irakur ezazu testua dagoen bezala. ◆

Ez zen gauza izan inor eramateko. Biak hazi genituen
baserrian: osaba Markos eta izeba Maitena.
Horrelako gertaeraz betea dago, Ainhoa, kutuna eraman
dugunon bizitza eta kutunaren beraren historia. Gaur
historia horren lehen aldia amaitzera doa. Denok jakingo
dugu zer duen kutunak barnean; eta edozein baliatu ahal
izango da, jakina, horren indarrez, nahiz eta zuk bakarrik eraman kutuna.

➲ Non hazi ziren bikiak? _____

➲ Zer jakingo dute gaur? _____

Irakurketa ozena

Presta ezazu irakurgaia ikaskideei irakurtzeko. Horretarako, ezkerreko edo eskuineko zutabean bilatu behar dituzu testuan falta diren hitzak. Begiak baino ezin dituzu mugitu, bururik ez. ◆

	Ez zen gauza izan inor eramateko. Biak hazi genituen baserrian: osaba Markos eta izeba Maitena.	
kutuna	Horrelako gertaeraz betea dago, Ainhoa, ✳✳✳✳ eraman dugunon bizitza eta kutunaren beraren historia. Gaur historia horren lehen aldia	ontzia
Denok	amaitzera doa. ✳✳✳✳ jakingo dugu zer duen kutunak barruan.	Aitonak
kalean	Dena dela, kutuna zure ✳✳✳✳ utzi aurretik, utz iezadazu, Ainhoa, apustu txiki bat egiten. Egingo	eskuetan
nuke garbi	✳✳✳✳ badakidala zer duen kutunak barruan: Pulapulak utzitako bi mezu ✳✳✳✳:	ondo handi
agurra	Bata, aitona-amonengandik datorkigun ✳✳✳✳ jaso eta ondorengoei handituta pasatzea.	altxorra
berriz gizakiok ontzia	Bigarrena, ✳✳✳✳, zenbaterainoko ahalmena dugun ✳✳✳✳ gure baitan. Izan ere, kutuna hutsik dago, noski. ✳✳✳✳ ez dago kutunean; gure ahalmenean, baizik.	zatiz baimena Indarra
Irakurri	Besterik ez, Ainhoa. ✳✳✳✳ kutuna. Ireki ezazu. Eta bizi zaitez urte askoan. Eta badakizu: «eutsi etsi gabe».	Torizu

Zirkuluan irakurtzen

Koadernoa mugitu gabe, irakur itzazu esaldiak eta idatzi zein den irakurgaiaren testua hobekien laburbiltzen duena. ◆